Elisa van Aaken
Mein Pferd und ich

Elisa van Aaken

Mein Pferd und ich

Das große Buch der Pferde und Ponys

cbj

cbj ist der Kinder- und Jugendbuchverlag
in der Verlagsgruppe Random House

Verlagsgruppe Random House FSC-DEU-0100
Das für dieses Buch verwendete FSC®-zertifizierte Papier
Eurobulk liefert Biberist von Papier Union.

Gesetzt nach den Regeln der Rechtschreibreform

1. Auflage 2011
© 2011 cbj, München
Alle Rechte vorbehalten
Umschlagfotos: s. Bildnachweis S.174
Umschlaggestaltung: büro süd, München
Bildredaktion: Tanja Nerger / Elisa van Aaken
Innenillustrationen: Irmtraud Guhe
Fotos Innenteil: s. Bildnachweis S.174
Koordination und Abwicklung: Sarah Schugk
SaS · Herstellung: AnG
Layout, Gestaltung und Satz:
KONTRASTE – Graphische Produktion, Sevilla
Reproduktion: Reproline mediateam, München
Gesamtherstellung: PrintConsult GmbH, München
ISBN 978-3-570-13738-3
Printed in Czech Republic

www.cbj-verlag.de

Inhalt

Das eigene Pferd 134

Reiten als Sport 150

Berufe für Pferdefans 164

Nützliche Adressen 170

Stichwortregister 172

Pferde früher und heute

Pferde leben heute meist unter der Obhut des Menschen. Dank ihrer Größe und Kraft sowie ihres zugänglichen Wesens sind sie Partner in Freizeit und Sport oder Helfer bei der Arbeit.

Doch war das schon immer so? Wie sahen die frühen Vorfahren der Pferde aus und wie lebten sie damals?

Die Entwicklungsgeschichte der Pferde lässt sich sehr weit zurückverfolgen: ungefähr 55 Millionen Jahre! Zum Vergleich dazu: Der älteste bekannte Vorfahr des Menschen ist »nur« etwa 6–7 Millionen Jahre alt.

Dank zahlreicher Fossilienfunde gehört die Stammesgeschichte der Pferde zu den am besten dokumentierten innerhalb der Säugetiere. Relativ genau lassen sich deshalb Fragen nach Aussehen und Lebensweise der ersten Pferdchen beantworten – die im Übrigen kaum Ähnlichkeit mit unseren heutigen Reit- und Lasttieren hatten.

Geschichte und Entwicklung der Pferde

Hyracotherium (oder Eohippus)

1831 fanden Forscher in England das gut erhaltene Skelett eines kleinen Waldtiers, des *Hyracotheriums*. Im Sprachgebrauch setzte sich jedoch der Name *Eohippus* (Pferd der Morgenröte) durch, der auf einen amerikanischen Fossilienfund zurückgeht. Beide Skelette sind über 50 Millionen Jahre alt!

Nach Ansicht der meisten Forscher ist das *Hyracotherium* ein Vorfahr der heutigen Pferde, auch wenn es ganz anders aussah.

Das Waldtier ähnelte eher einem Fuchs. Es maß nur etwa 30 cm Schulterhöhe, wog ungefähr fünf Kilo, hatte einen gewölbten Rücken, kurze Beine und einen langen Schwanz. *Hyracotherium* lebte im nordamerikanischen Dschungel und lief auf vier Vorder- und drei Hinterzehen, die für sumpfigen Boden bestens geeignet waren. Seine Hauptnahrung bestand aus Laub. Das Fell war wahrscheinlich rötlich gefleckt oder gestreift, sodass es gut getarnt war.

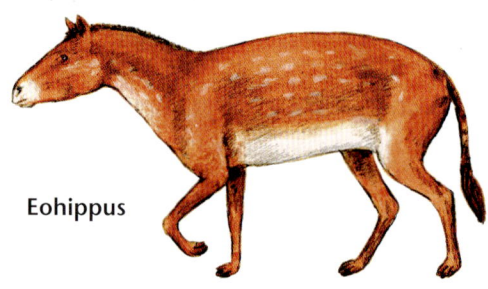

Eohippus

Einige Arten der *Hyracotherien* gelangten auch nach Europa, wo sie jedoch vor ca. 40 Millionen Jahren ausstarben.

Mesohippus

Im Laufe von einigen Millionen Jahren entwickelte sich in Amerika das *Mesohippus*. Es war größer als *Hyracotherium* (bis zu 60 cm) und hatte ein kräftigeres Gebiss, mit dem es unterschiedliche Nahrung kauen konnte. Außerdem war der Rücken weniger gewölbt, Beine und Hals wurden länger. Das *Mesohippus* lief auf jeweils drei Zehen vorne und hinten, wobei die mittlere Zehe stärker entwickelt war.

Aus dem *Mesohippus* ging wenig später das *Miohippus* hervor, das nochmals größer war und einen längeren Schädel hatte.

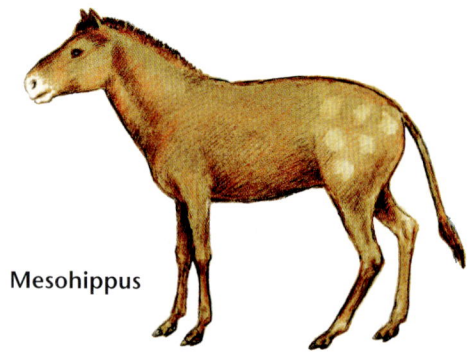

Mesohippus

Die Veränderungen im Körperbau lassen sich wahrscheinlich durch veränderte Klimabedingungen erklären. Die Umgebung wurde trockener, es entstanden steppenähnliche Landschaften. Dort war der Boden härter und die Zehen waren nicht mehr so zweckmäßig. Sie bildeten sich zurück.

Merychippus

Als erstes rein grasfressendes Tier entwickelte sich vor etwa 18 Millionen Jahren in Nordamerika das *Merychippus*.

Merychippus lebte in der Savanne, einer offenen, flachen Graslandschaft, die kaum Versteckmöglichkeiten bot. Hier war schnelles Laufen überlebenswichtig, deshalb wurden die Beine wiederum länger. Das *Merychippus* war schon etwa einen Meter groß. Es hatte auch einen längeren Hals, sodass es bequem grasen

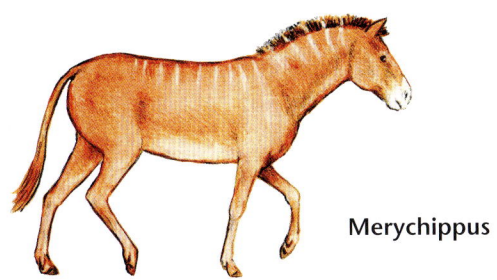

Merychippus

konnte. Sein Gewicht ruhte auf der mittleren Zehe, die äußeren Zehen berührten nicht den Boden. Seine Zähne wurden kräftiger, um das harte Gras besser kauen zu können. Das *Merychippus* gehörte bereits zur gleichen Unterfamilie wie heutige Pferde *(Equinae)*.

Pliohippus, Dinohippus und Equus Caballus

Vor ca. 10–6 Millionen Jahren tauchte *Pliohippus* auf, das im Laufe der Evolution zum ersten Einhufer wurde. *Pliohippus* war mit einer Größe von 1,2 m dem modernen Pferd *(Equus caballus)* schon sehr ähnlich. Lange Zeit galt es als sein Vorfahr, doch neuere Forschungen zeigen, dass es zwar mit diesem verwandt ist, sich aber durch einige Merkmale unterscheidet.

Equus caballus entstand wahrscheinlich aus dem *Dinohippus*, einer verbreiteten Pferdeart in Nordamerika vor 5–3 Millionen Jahren. Als sich das Klima dort änderte, wanderten die

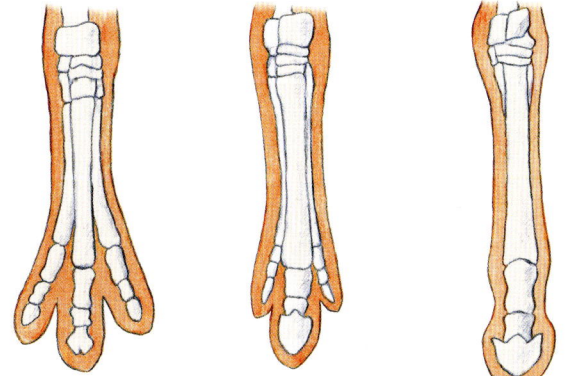

Im Laufe der Evolution hat sich die mittlere Zehe immer stärker ausgeprägt.

Tiere über die damals noch existierende Landbrücke nach Europa, Afrika und Asien. Am Ende der Eiszeit verschwand die Landbrücke und Amerika wurde isoliert. Die Pferde dort starben aus, wahrscheinlich aufgrund der Klimaveränderungen. Erst im 16. Jahrhundert gelangten mit den spanischen Eroberern wieder Pferde nach Amerika.

Die amerikanischen Mustangs

sind keine echten Wildpferde, sondern verwilderte Nachkommen von entlaufenen Hauspferden. Auch die in Deutschland bekannten Dülmener Wildpferde sind nur halb wild lebende Pferde, die allerdings viel Urwildpferd-Blut führen. Typische Wildpferde-Merkmale sind falbfarbenes Fell, Aalstrich oder Zebrastreifen an den Beinen und eine geringe Körpergröße.

Dülmener Wildpferdeherde

Das moderne Pferd

Wie genau die heutigen Hauspferderassen entstanden, darüber streiten sich die Forscher. Manche glauben, Hauspferde hätten nur einen Wildvorfahr, nämlich den Tarpan oder das Przewalskipferd, andere meinen, es gab zwei, drei oder noch mehr wilde Vorfahren.

Plausibel erscheint jedoch die Annahme, dass sich aufgrund unterschiedlicher Klimaeinflüsse schon sehr früh verschiedene

Pferdetypen herausbildeten. In den wärmeren Steppen im Süden entwickelten sich langbeinige, schnelle Pferde mit feinem Fell. In den kalten, nördlichen Regionen gab es hingegen eher kräftige, gedrungene Tiere mit langem, dichtem Winterfell.

Aus Mischungen dieser Wildtypen, vor allem aber durch die Züchtungen des Menschen, entstand über einen langen Zeitraum die heutige Rassenvielfalt.

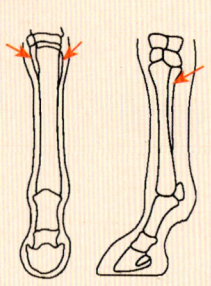
Die Unzertrennlichen: Mensch und Pferd

Die Geschichte von Mensch und Pferd ist seit langer Zeit eng miteinander verknüpft. Bevor der Mensch auf die Idee kam, das Pferd zu zähmen und als Reit- und Lasttier zu nutzen, hat er es als Beutetier gejagt und sein Fleisch gegessen. Er nutzte auch das Fell als Kleidung, verwendete Horn und Knochen für Werkzeuge. Es ist unklar, wann und wo genau die Domestikation (Haustierwerdung) der Wildpferde begann. Möglicherweise waren die Nomaden aus der zentralasiatischen Steppe die Ersten, die 4000–3000 v. Chr. damit begannen, Pferde als Haustiere zu halten. Vielleicht taten das aber zur gleichen Zeit noch andere Völker an anderen Orten.

Durch besseres Futter nahm die Größe der Pferde zu. Man nutzte sie neben der Fleisch- nun auch zur Milchgewinnung, der Mist diente als Heizmaterial. Vor allem aber entdeckte man ihre Nützlichkeit als Zugtiere. Vor Holzschlitten gespannt, transportierten sie Gepäck und Vorräte schneller und weiter als jedes Rind. Vor dem Streitwagen verhalfen Pferde durch ihre Schnelligkeit und Ausdauer Kriegsherren zu großer Überlegenheit.

Um etwa 800 v. Chr. tauchten die ersten Darstellungen von Pferden als Reittiere auf. Es ist aber anzunehmen, dass die Menschen sich schon weitaus früher auf den Rücken der Pferde schwangen.

Die Zähmung der Vierbeiner brachte dem Menschen enorme Vorteile: Zu Pferd war er mobiler, stärker und schneller, große Entfernungen ließen sich leichter überwinden.

Von da an beschleunigte sich die Geschichte der Menschheit.

Dschingis Khan war der Anführer der Mongolen, eines berittenen Steppenvolkes, das der Welt im Mittelalter das Fürchten lehrte. Auf ihren Kriegszügen hatten sie teilweise über eine Million Pferde dabei und eroberten mit ihnen ein riesiges Reich, das mehr als doppelt so groß war wie das heutige China. Jeder Krieger besaß neben zwei Reitpferden mehrere Ersatzpferde, die er im Notfall auch als Milch- oder Fleischlieferanten nutzte. So konnten die Truppen wochenlang unterwegs sein und Strecken bis zu 100 km am Tag zurücklegen.

Pferde im Krieg

In allen früheren Kriegen haben nicht nur Menschen, sondern auch unzählige Pferde ihr Leben gelassen. Das Pferd ist zwar alles andere als ein Angriffstier, doch es gehorcht den Befehlen des Menschen und ließ sich in lärmende, gefährliche Schlachten lenken.

Zunächst vor dem Streitwagen, denn Reiten galt bei vielen frühen Völkern als nicht standesgemäß. Da die Gespanne jedoch nicht besonders wendig waren, versuchten sich als Erste die Assyrer im Kampf als Reiter.

Altertümliche Reiterkrieger

Vor allem in China, Vorderasien und Nordafrika bildeten sich bedeutsame Reitervölker, die vom Rücken der Pferde aus Kriege führten und Länder eroberten. Den bis dahin erfolgreichen Fuß- oder Streitwagentruppen waren sie haushoch überlegen.

Die Skythen im 8. Jh. v. Chr gelten als eines der ersten Reitervölker. Sie kämpften zu Pferd mit Pfeil und Bogen und drangen aus Asien über das schwarze Meer bis nach Ägypten vor. Im 4. Jahrhundert waren in Europa die asiatischen Hunnen gefürchtet, die übrigens das erste Sattelmodell mit Steigbügeln erfanden.

Den schnellen, wendigen Steppenreitern, die im vollen Galopp nach hinten schießen konnten, hatte die Europäer zunächst nichts entgegenzusetzen. Doch dann erfanden sie die schwer gepanzerten Pferde, die sich wie ein Fels in der Brandung allem entgegenstellten.

Diese Panzer- oder Ritterpferde wurden im Mittelalter sehr populär. Mit Reiter in Rüstung und der eigenen Panzerung mussten sie bis zu 250 Kilo schleppen. Hierfür brauchte man kräftige Tiere, meist Hengste, die durch das Kampfgetümmel nicht nervös wurden und die Gegner mit Tritten und Bissen in Schach hielten.

Ritter und Pferd in Kampfausrüstung

Ab dem 14. Jahrhundert nahm der Einfluss der Ritter ab, nachdem die Fußtruppen mit starken Lanzen ein wirksames Mittel gegen die herandonnernden Reiter gefunden hatten.

Im Ersten Weltkrieg wurden Pferde in den Kavallerietruppen oder als Zugpferde für Geschütze und Munition gebraucht. Tausende Pferde starben dabei. Auch im Zweiten Weltkrieg waren noch über 2 Millionen Pferde im Einsatz!

Heute gibt es in Deutschland nur noch die Gebirgstragtierkompanie, die mit Haflingern und Maultieren Nachschub für die Gebirgsjäger heranschafft.

Pferde als Helfer im Alltag

Pferde waren aber auch aus vielen anderen Lebensbereichen der Menschen lange Zeit nicht wegzudenken.

Als im Mittelalter das Kummet, eine gepolsterte steife Zugkonstruktion, erfunden wurde, konnten Pferde den Menschen vermehrt in der Landwirtschaft helfen. Sie lösten die langsameren Ochsen ab und zogen Pflüge, Sä- und Mähmaschinen oder gefällte Baumstämme. Die Nachfrage nach kräftigen Pferden stieg damals rapide an, für gute Tiere musste man sehr viel Geld bezahlen. Doch als später die Traktoren Einzug hielten, verloren die starken Kaltblüter an Bedeutung. Heute hat sich die Zucht stark verkleinert.

Straßenbahnen zu ziehen war harte Arbeit.

In der Zeit der Industrialisierung gab es für das Pferd aber noch zahlreiche weitere Einsatzgebiete: Pferde zogen Kutschen durch die Städte und über Land, später auch Straßenbahnen. Es gab sogar Feuerwehrpferde oder Pferde, die Lastkähne durch Kanäle schleppten. Bekannt und heute beispielsweise noch auf dem Oktoberfest in München zu bewundern sind Brauereipferde.

Das Leben der Pferde damals war, ähnlich dem der Menschen, entbehrungsreich und von Arbeit geprägt. Erholung auf der Weide

Schon gewusst?

Wollte man im 18. Jh. als wohlhabender Bürger verreisen, nahm man eine Postkutsche. Was sich romantisch anhört, war in Wirklichkeit höchst unbequem und zeitaufwendig. Schneller als 7 km/h ging es nicht voran, wegen schlechter Wege (Straßen gab es erst später) wurde man ordentlich durchgerüttelt, und ein Speichenbruch bedeutete stundenlange Verspätung. Gefährlich war eine Reise obendrein, denn unterwegs lauerten Straßenräuber.

gab es sehr selten, jeden Tag schwere Arbeit bis zu sieben Stunden war normal. Oft hielten die Pferde den Einsatz nur wenige Jahre aus.

Pferdeleben heute

Im Vergleich zu früher gibt es heute nur noch sehr wenige Arbeitspferde.

In manchen ärmeren Ländern sind jedoch nach wie vor Pferde in der Landwirtschaft oder im Straßenverkehr im Einsatz. In Süd- und Nordamerika gibt es sogar noch einige Cowboys, die Rinderherden bewachen.

In Deutschland entdeckt man Nutzpferde heute in manchen Bereichen wieder, beispiels-

Das Pferd als Arbeitspartner

Gemeinsame Ausritte machen Mensch und Tier Spaß.

weise auf Öko-Bauernhöfen zur Feldarbeit oder als Rückepferde im Wald. Pferde schonen den Boden, sie sind wendiger, produzieren keine Abgase und sind somit viel umweltfreundlicher als Maschinen.

Obwohl Pferde nicht mehr zur Arbeit gebraucht werden, leben heute mehrere Millionen Vierbeiner auf der Welt; die meisten als Sport- oder Freizeitpartner des Menschen.

Im Vergleich zu früher führt die größte Zahl der Pferde heute ein wahres Luxusleben. Das Wissen um artgerechte Haltung hat in den letzten Jahren stark zugenommen, weshalb immer mehr Pferde in Offenställen oder Boxen mit Auslauf stehen dürfen.

Freizeitpferde müssen nicht viel leisten und werden von ihren Besitzern meist umsorgt und gehegt. Daneben gibt es zahlreiche »Spezialistenpferde« die für die unterschiedlichen Pferdesportarten gezüchtet werden.

Die schlanken, schnellen Vollblüter laufen auf Galopp- und Trabrennbahnen um die Wette, imposante Warmblüter springen über hohe Hindernisse und führen schwierige Dressuraufgaben aus. Ausdauernde Araber legen lange Strecken am Stück zurück, wendige Quarterhorses zeigen spektakuläre Manöver im Westernreiten. Nicht zu vergessen die sprintstarken Poloponys und die sportlichen Kutschpferde.

Wettkämpfe mit Pferden sind spannend, faszinierend und emotional. Die Vierbeiner begeistern die Menschen mit ihrer Kraft, Eleganz und Schnelligkeit.

Pferde sind meistens bemüht, es ihren Reitern recht zu machen, und wehren sich nur selten. Deshalb sollte man sie mit Respekt behandeln und alles dafür tun, dass sie sich wohlfühlen – schließlich sind sie voll und ganz von uns abhängig.

Rund ums Pferd

Damit Pferde sich bei uns Menschen wohlfühlen und gesund bleiben, sollten wir ihre Bedürfnisse berücksichtigen, müssen wir wissen, wie ihr Körper funktioniert und wie wir uns mit ihnen verständigen können.

Bei guter Haltung und Pflege können Großpferde zwischen 25 und 35 Jahre alt werden, Ponys manchmal sogar noch älter – einige von ihnen leben 40, 50 oder noch mehr Jahre!

In freier Wildbahn werden die meisten Pferde nicht ganz so alt, denn die Lebensbedingungen sind viel härter. Und auch in deutschen Ställen beträgt die durchschnittliche Lebenserwartung von Pferden statistisch gesehen weniger als 10 Jahre – erschreckend. Durch falsche Haltung oder zu große Belastung sind viele Pferde frühzeitig so schwer körperlich oder seelisch geschädigt, dass sie eingeschläfert werden müssen oder zum Pferdemetzger kommen.

Fohlen

Nach 11 Monaten im Bauch der Mutter wird das Fohlen geboren. Der Geburtsvorgang selbst dauert nicht lang, meist nur wenige Minuten. Direkt danach leckt die Mutter ihr Kind ab, um seine Durchblutung anzuregen und sich seinen Geruch einzuprägen. Nun erkennt die Mutter ihr Fohlen unter vielen anderen wieder.

Nah bei der Mutter fühlt sich das Fohlen am sichersten.

Bereits nach 15–30 Minuten versucht das Kleine aufzustehen. Das ist wichtig, denn in freier Natur muss es mit der Herde weiterziehen. Allein wäre es Feinden hilflos ausgeliefert. Sobald es auf seinen wackeligen Beinen steht, sucht es nach dem Euter der Mutter. Die erste Milch ist für das Pferdekind sehr wichtig, da sie viele Nähr- und Abwehrstoffe enthält. Mit etwa 2–3 Monaten beginnt das Fohlen, auch Gras zu knabbern.

Ein Fohlen sollte niemals allein in der Box gehalten werden! Es braucht gleichaltrige Spielkameraden, denn ein Pferdekind will laufen und spielen. Dadurch entwickelt es seine Geschicklichkeit und stärkt seine Muskeln und Knochen.

Für die spätere Arbeit mit ihm ist es wichtig, es frühzeitig an Menschen zu gewöhnen. Halfter anziehen, Putzen mit einer weichen Bürste und Hufe heben sind gute Vorbereitungen – allerdings sollte das nie länger als ein paar Minuten dauern.

Jährling

»Jährling« nennt man ein 1-jähriges Pferd. Es hat jetzt schon 60 % seiner Endgröße erreicht. Nun kann man auch das Führen am Halfter und das Anbinden üben, aber immer nur kurz.

Jährlinge sollten zusammen mit anderen Jungpferden in der Herde aufwachsen, so können sie miteinander spielen und lernen gleichzeitig das Sozialverhalten.

Eine Gruppe frecher Isländer-Jährlinge

Mit 1 Jahr werden junge Hengste geschlechtsreif, man muss sie nun von Stuten trennen oder kastrieren lassen. Junge Stuten werden mit 2 Jahren das erste Mal rossig. Sie sollten aber frühestens mit 4 Jahren ein Fohlen bekommen, denn erst dann sind sie richtig ausgewachsen.

Jungpferd (3–4 Jahre)

Jetzt haben die Pferde ihre endgültige Größe erreicht, aber ihre Entwicklung ist erst mit 5–7 Jahren vollständig abgeschlossen.

Die Ausbildung beginnt mit dem Longieren.

Ab 3 Jahren beginnt für die meisten Pferde der »Ernst des Lebens«, also die Ausbildung zum Reit- oder Fahrpferd. Manche Rassen, wie z. B. Isländer oder Kaltblüter, werden erst mit 5 Jahren eingeritten, »frühreife« Rassen wie das Englische Vollblut gehen schon mit anderthalb Jahren ins Training. Dass dies nicht immer gesund ist, liegt auf der Hand.

Das Einreiten sollte man Profis überlassen, denn bei jungen Pferden kann man viel falsch machen. Die Grundausbildung dauert 3–6 Monate. Sie beginnt mit dem Longieren, anschließend folgt die Gewöhnung an Sattel und Trense, und schließlich darf sich ein leichter, erfahrener Reiter auf den Pferderücken setzen.

6–12 Jahre

In dieser Zeit ist das Pferd am leistungsfähigsten, auch in der Zucht. Sein Körper und seine Psyche sind ausgereift, aber: Natürlich muss man es erst sorgfältig trainieren, bevor man Höchstleistungen von ihm verlangt. Ungesund ist es beispielsweise für jedes Pferd, wenn man unter der Woche gar nicht reitet und am Wochenende stundenlange Ausritte unternimmt.

18–20 Jahre

Ab jetzt lässt die körperliche Leistungsfähigkeit langsam nach. Wie sehr, hängt vor allem davon ab, wie viel das Pferd in seinem Leben arbeiten musste und wie es gepflegt wurde. Viele Freizeitpferde können in dem Alter noch problemlos geritten werden, während manches Sportpferd mit allerlei Zipperlein zu kämpfen hat und nur noch schonend bewegt werden darf.

Altes Pferd (ab 20 Jahre)

Nun sieht man dem Pferd sein Alter auch körperlich an: Der Rücken senkt sich, es bekommt weiße Stichelhaare, die Gruben über den Augen vertiefen sich. Da die Zähne oft nicht mehr voll funktionsfähig sind und die Verdauungsfähigkeit nachlässt, können alte Pferde schnell abmagern. Wichtig für die Oldies sind altersgerechtes Futter und viel ruhige Bewegung, denn: »Wer rastet, der rostet.«

In der kalten Jahreszeit benötigen die Pferdesenioren ausreichend Schutz und Wärme.

Steht ein altes Pferd in der Herde, sollte man beobachten, ob es in der Rangordnung abrutscht oder sogar vollständig ausgegrenzt wird. Dann muss man sich für das Tier eine andere Haltungsform überlegen.

Ein Pferdesenior, dessen Fell am Kopf schon weiß geworden ist

So leben Pferde

Das Leben von Pferden in freier Natur kann man sich ungefähr so vorstellen: Im Herdenverband ziehen sie grasend im langsamen Schritt stundenlang über weite Landschaften. Nur bei Gefahr oder bei Kämpfen wird ein kurzer Galopp eingelegt, getrabt wird selten. Zur Fellpflege wälzen sich die Vierbeiner und beknabbern sich gegenseitig. In Ruhepausen legen sich die Pferde zum Schlafen hin, allerdings abwechselnd, sodass immer einige »Wache stehen«.

Schon gewusst?

Pferde kennen mehrere Möglichkeiten, sich auszuruhen. Häufig sieht man sie dösen. Dazu stellen sie ein Hinterbein auf der Hufspitze auf (»schildern«), so können sie ohne Kraftanstrengung stehen. Meist halten sie zusätzlich den Kopf tief und die Augen halb geschlossen.

Zum Schlafen legen Pferde sich hin, entweder mit untergeschlagenen Beinen, sodass sie bei Gefahr schnell aufspringen können, oder flach auf die Seite. Schlafen tun Pferde nur, wenn sie sich sicher fühlen.

Aus dieser kurzen Skizzierung werden vier grundlegende Eigenschaften von Pferden deutlich, die auch bei unseren Hauspferden unverändert vorhanden sind – selbst wenn sie längst nicht mehr wild leben, sondern unter der Obhut des Menschen.

1. Pferde sind Herdentiere

Allein hätten Pferde in freier Wildbahn kaum Überlebenschancen. Deshalb schließen sie sich zu Herden zusammen. Diese bestehen aus einem Leithengst, einer Leitstute, mehreren anderen Stuten und Jungtieren. Junge Hengste verlassen mit der Geschlechtsreife die Herde und bilden Junggesellenverbände, bis sie irgendwann eine eigene Herde haben.

Nur in der Herde fühlt sich ein Pferd sicher.

In der Herde herrscht eine klare Rangordnung, d. h. jedes Tier hat eine bestimmte Position. Das ranghöchste Pferd ist die Leitstute, sie ist meist schon älter und besonders erfahren. Bei der Flucht führt die Leitstute die Herde an, der Hengst treibt Nachzügler von hinten zusammen. Der Leithengst ist ein starkes, imposantes Tier, er beschützt die Herde und darf die Stuten decken.

Hengste müssen sich ihren Rang erkämpfen, Stuten übernehmen oft den Rang ihrer Mutter. Werden Jungpferde erwachsen, stoßen neue Tiere zur Herde oder sterben alte, kann es zu Kämpfen kommen, durch die sich die Rangordnung ändert.

Die wichtigste Regel der Rangordnung lautet: Der Rangniedrigere weicht dem Ranghöheren. Das sollte auch in der Pferd-Mensch-Beziehung gelten: Du bestimmst, wann das Pferd sich nähern darf, nicht umgekehrt.

2. Pferde sind Lauftiere

Frei lebende Pferde bewegen sich den größten Teil des Tages in ruhigem Schritt vorwärts – manchmal bis zu 40 km am Tag! Das trainiert hervorragend die Sehnen, Bänder und Muskeln und stärkt die Hufe. Viele Bein- und Huferkrankungen, die heute sehr häufig sind, gibt es bei Wildpferden gar nicht.

3. Pferde sind Fluchttiere

Pferde in freier Wildbahn haben natürliche Feinde wie Wölfe, Hyänen oder Großkatzen. Wittern Pferde Gefahr, greifen sie nicht an, sondern suchen ihr Heil in der (manchmal kopflosen) Flucht.

Bei Gefahr flüchten Pferde im Galopp.

Wichtig für das Fluchttier Pferd sind die seitlich am Kopf liegenden Augen, die ihnen fast Rundum-Sicht gestatten und sie Gefahren besser erkennen lassen, sowie die langen Beine, mit denen sie schnell fliehen können.

Ein Pferd greift nur an, wenn es in die Enge gedrängt wird und keine Fluchtmöglichkeit sieht. Dann versucht es, sich mit seinen harten Hufen und seinen Zähnen zu verteidigen.

Den Fluchtinstinkt haben Hauspferde trotz jahrtausendelangem Leben beim Menschen nicht verloren.

4. Pferde sind Dauerfresser

Wildpferde müssen mit karger Nahrung auskommen. Deshalb fressen sie in freier Wildbahn beinahe 18 Stunden am Tag, um satt zu werden. Die ständige Aufnahme geringer Nahrungsmengen hat den Vorteil, dass der Magen nie überfüllt ist, was bei einer Flucht hinderlich wäre.

Die Lieblingsbeschäftigung aller Pferde ist Fressen.

Der Pferdemagen ist im Verhältnis zur Körpergröße recht klein, dafür haben die Vierbeiner einen langen Darm, in dem noch die kleinste Grasfaser in Energie umgewandelt wird.

Damit dieses komplexe System funktioniert, muss es beständig arbeiten. Es ist deshalb für das körperliche und seelische Wohlbefinden des Pferdes sehr wichtig, dass es *immer* Heu oder Stroh knabbern darf.

So möchten Pferde beim Menschen leben

Die besonderen Eigenschaften der Vierbeiner müssen in der Haltung und im Umgang mit ihnen berücksichtigt werden. Nur dann wird das Pferd sich beim Menschen wohlfühlen und gesund bleiben.

Haltung

Seit das Pferd mit dem Menschen zusammenlebt, wird es eingesperrt, damit es nicht weglaufen kann.

Als das Pferd noch ein Arbeitstier war, lebte es meist in schmalen Ständern mit wenig Platz. Da es aber den ganzen Tag arbeiten musste, hatte es wahrscheinlich trotzdem mehr Bewegung als viele Pferde heute.

So ein »Gefängnis« macht kein Pferd glücklich!

Aus der Ständerhaltung hat sich die heute übliche Boxenhaltung entwickelt. Sie ist vor allem für den Menschen praktisch, denn das Pferd ist auf diese Weise stets verfügbar, trocken und (halbwegs) sauber.

Doch ein Tier, das am liebsten stundenlang mit Artgenossen herumstreift, ist allein in der Box nicht besonders gut aufgehoben. Vor allem wenn die Box kein Fenster hat, es seinen Boxennachbarn nur durch Gitterstäbe sieht

und ihn nicht einmal berühren darf. Dazu kommt die oft schlechte Luft in vielen Ställen, die langfristig die Atemwege des Pferdes schädigt. Ein paar Stunden Koppelgang am Tag sind zwar schön, reichen aber bei Weitem nicht aus und werden in vielen Ställen im Winter ganz gestrichen.

Die Paddockbox macht Sozialkontakte möglich.

So fristet das Pferd sein Leben Tag und Nacht in seiner »Zelle«, unterbrochen nur von Fütterungszeiten und dem täglichen Training. Das ist nicht gesund und obendrein sehr langweilig. Kein Wunder, dass diese Pferde die Ankunft des Menschen meist sehnsüchtig erwarten und mit einem Wiehern begrüßen. Sie möchten endlich raus! Auch wenn der Stall noch so sauber, die Boxen noch so edel sind – ein Pferdeparadies sieht anders aus.

Schon etwas besser ist es, wenn das Pferd eine Box mit angeschlossenem Paddock hat, wo es nach Belieben hinaus- und hineingehen und dem Nachbarn wenigstens die Nase entgegenstrecken darf.

Noch viel schöner ist es, wenn das Pferd den ganzen Tag mit Pferdefreunden auf die Weide darf und nur nachts in den Stall kommt.

Pferdeglück im Offenstall

Am schönsten ist es allerdings, wenn das Pferd in einer Herde in einem Offenstall oder sogar komplett auf der Weide leben darf.

Offenstall heißt, dass das Pferd selbst entscheiden kann, ob es sich im geschützten Innen- oder dem großzügigen Außenbereich aufhalten möchte. Viele Offenställe haben auch direkten Weidezugang.

Sehr wichtig bei dieser Haltungsform ist, dass es genügend (trockene) Futterplätze und Unterstellmöglichkeiten gibt, damit jedes Pferd fressen und sich hinlegen kann, nicht

Aber ... »Mein Pferd kann sich in der Herde so leicht verletzen«, »Mein Pferd ist immer schmutzig und hat zu dickes Winterfell«. So lauten häufige Argumente gegen die Offenstallhaltung. Diese kann man leicht entkräften. Die Verletzungsgefahr lässt sich durch sorgfältige Herdenzusammenstellung minimieren. Pferde verletzen sich übrigens häufig beim übermütigen Bocken auf der Weide nach 20 Stunden in der Box! Und wenn das Fell tatsächlich zu dick wird, kann man auch Offenstallpferde eindecken.

nur die ranghohen Tiere. Außerdem muss die Fläche ausreichend groß sein und die Herdenzusammenstellung darf nicht zu oft wechseln.

Bei ganzjähriger Weidehaltung ist auf genügend Platz (ein halber Hektar pro Pferd) sowie wind- und regengeschützte Unterstellmöglichkeiten zu achten. Ist all dies gegeben, fühlen sich Pferde pudelwohl!

Umgang

Wichtig für den sicheren Umgang mit dem Pferd ist die Klärung der Rangordnung zwischen Mensch und Tier. Der Mensch sollte immer zuerst kommen, das Pferd vor ihm weichen. Natürlich soll das Pferd nicht weglaufen, aber es darf den Menschen auch nicht mit der Nase herumschubsen, ihn anrempeln oder ihm auf die Zehen treten. Solche Probleme im Umgang setzen sich oft beim Reiten fort.

Deshalb muss man konsequent auf die Einhaltung bestimmter Regeln bestehen, beispielsweise beim Führen (richtiger Abstand, nicht trödeln oder drängeln) oder beim Angebundensein (kein Herumhampeln, auf Kommando herumtreten). Klappen diese Dinge nicht, ist Üben angesagt – ruhig, aber beharrlich.

Hat man ein besonders dominantes Pferd, das immer wieder testet, ob es nicht doch ranghöher als der Mensch ist, besucht man am besten einen Kurs, in dem man das richtige Verhalten in solchen Fällen lernt.

Das Pferd fühlt sich übrigens nicht unterdrückt, wenn es sich dem Menschen unterordnet. Es ist im Gegenteil froh, dass der Zweibeiner die Führung übernimmt und ihm dadurch Sicherheit bietet.

Auch der Fluchtinstinkt kann im Umgang mit Pferden zu Schwierigkeiten führen. Jeder Reiter kennt die Situation: Das Pferd erschrickt vor irgendetwas und versucht wegzurennen.

Dummes Pferd, denken viele, da ist doch gar nichts Gefährliches.

Ein Pferd sieht das anders – vor allem sieht es schlechter. Ein gebückt hockender Mensch könnte in seiner Wahrnehmung auch ein Raubtier auf dem Sprung sein. Ein Rascheln im Gebüsch könnte ein sich anschleichender Feind sein.

Der Vierbeiner will den Menschen mit seiner Reaktion nicht ärgern, sondern gibt nur seinem angeborenen Impuls nach. Flucht ist überlebenswichtig! Für den Reiter kann die Situation trotzdem gefährlich werden. Schimpfen nützt aber nichts, besser ist es, das Pferd zu beruhigen und die Gefahrenquelle betrachten zu lassen, bis es sich von dessen Harmlosigkeit überzeugt hat.

Steht ein Pferd nur in der Box, wird es mit der Zeit immer schreckhafter werden, da es kaum etwas von der normalen Umwelt mitbekommt. Pferde, die bei Ausritten oder auf der Weide mit Autos, Kinderwagen, Hunden etc. konfrontiert werden, fürchten sich bald nicht mehr davor.

Übung macht den Meister!

Verhaltensstörungen

In vielen Ställen leben Pferde nach wie vor die meiste Zeit des Tages allein in der Box. Die Menschen halten das für das Beste, schließlich steht das Tier dort sicher, warm und trocken. Dabei vergessen sie, dass ein Pferd ganz andere Bedürfnisse hat als sie selbst.

Was soll ein Pferd den ganzen Tag tun? Noch dazu allein? Mit Fressen ist es maximal 6 Stunden am Tag beschäftigt, Ruhen tut es noch einmal ca. 3 Stunden – bleiben 15 Stunden Langeweile, unterbrochen evtl. von 1 Stunde Reiten. Pferde können sich nun mal nicht mit Lesen, Spielen oder Fernsehgucken die Zeit vertreiben. Deshalb gewöhnen sich viele Boxenpferde unerwünschte Verhaltensweisen an, um ihren Frust abzubauen. Manche nennen das Untugenden – als wäre das Pferd selbst daran schuld.

Richtig ist jedoch der Begriff »Verhaltensstörung«. Dazu können auch falsches Training (Stress, Überforderung) und falscher Umgang mit dem Pferd beitragen.

Ausreichend Bewegung und Kontakt zu Artgenossen sind wichtig für ein glückliches Pferdeleben.

Weben: Dabei schaukelt das Pferd von einem Vorderbein auf das andere, manchmal stundenlang.

Meistens machen Pferde das, wenn sie besonders unruhig sind, also vor der Fütterung oder wenn Nachbarpferde den Stall verlassen und sie drinnen bleiben müssen.

Weben ist ein Zeichen für Bewegungsmangel und Langeweile. Auf Dauer werden dabei die Vorderbeine geschädigt.

Koppen: Das Pferd setzt seine Zähne auf einen Gegenstand auf, spannt die Halsmuskeln an und gibt ein rülpsendes Geräusch von sich. Manche Tiere koppen auch ohne Aufsetzen.

Früher vermutete man, dass das Luftschlucken beim Koppen die Gefahr erhöht, an einer Kolik zu erkranken, dies stimmt jedoch nicht. Koppen bei Pferden scheint unterschiedliche Ursachen zu haben, neben Mängeln in der Haltung und im Umgang kommt auch eine angeborene Veranlagung infrage.

Weitere Verhaltensstörungen sind Gitterbeißen, mit der Zunge spielen, übermäßiges Scheuern, ständiges Scharren oder Im-Kreis-Laufen. Hat sich ein Pferd diese Dinge einmal angewöhnt, verschwinden sie auch unter guten Haltungsbedingungen leider nicht immer. Deshalb ist es wichtig, vorzubeugen und dem Pferd täglich viel Bewegung und Auslauf mit anderen zu ermöglichen.

Im Stall selbst helfen der Kontakt zu Artgenossen (Boxen ohne Gitter, Paddockboxen) und Ablenkung, z. B. durch ein Fenster zum Hof. Ganz wichtig sind auch ständig verfügbares Raufutter oder Äste zum Knabbern. Das stillt das Kaubedürfnis der Pferde.

Beim Reiten können sich Verhaltensstörungen in Kopfschlagen, Scheuen, Kleben, Steigen, Bocken oder Zähneknirschen zeigen. Hier sollte man unbedingt die Ausrüstung untersuchen lassen und einen erfahrenen Reitlehrer um Rat bitten.

Die Sinne des Pferdes

Die Sinne des Pferdes sind perfekt an ein Leben in freier Wildbahn angepasst. Eine feine Nase, gute Ohren und Augen waren für die Vierbeiner früher lebenswichtig, daran hat sich auch in Tausenden Jahren der Zucht durch den Menschen nicht viel verändert.

Sehen

Die Augen des Pferdes liegen seitlich am Kopf. Dadurch hat es beinahe einen Rundumblick, was ein unbemerktes Anschleichen für Feinde schwierig macht. Nur direkt vor und hinter sich kann das Pferd nichts erkennen und muss erst den Kopf drehen.

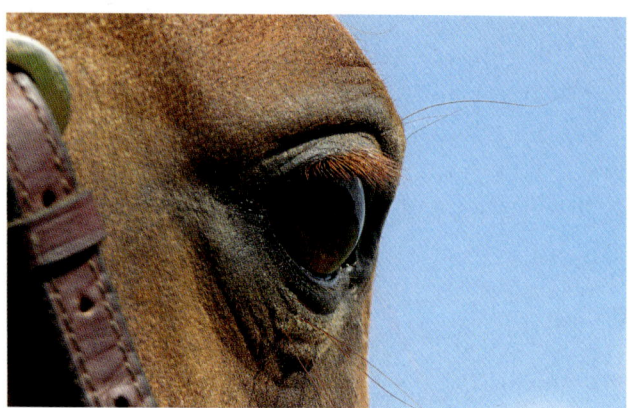

Ein Pferd sieht nicht so scharf wie der Mensch.

Lange vermutete man, dass sein räumliches Sehen eingeschränkt ist. Neuere Untersuchungen widersprechen dieser These jedoch. Das Pferd sieht allerdings eher unscharf; lediglich in einem kleinen Bereich bis 2 m vor sich kann es scharf sehen. Dafür nehmen Pferde Bewegungen sehr gut wahr, auch bemerken sie sofort Veränderungen an Gegenständen oder Orten. Farben erkennen Pferde wahrscheinlich schlechter als Menschen, manche glauben sogar, dass sie nur Rot oder Blau unterscheiden können.

Bei schwachem Licht sehen Pferde besser als wir, trotzdem fühlen sie sich in der Abenddämmerung unsicher – in der Natur beginnen nun die Beutezüge der Feinde.

Hören

Pferde haben ein sehr feines Gehör. Sie nehmen sogar Töne im Ultraschallbereich wahr, die wir nicht mehr hören, und können ihre Ohren in alle Richtungen drehen. Da die Ohren in Verbindung mit den Augen arbeiten, dreht das Pferd bei einem Geräusch oft den Kopf oder den ganzen Körper.

Pferde mögen keine hellen, schrillen Töne und plötzlicher Lärm erschreckt sie. Bei starkem Wind sind Pferde unruhig, da das Heulen ihr Hörvermögen einschränkt.

Riechen

Der Geruchssinn von Pferden ist hervorragend ausgeprägt, ähnlich dem von Hunden. Mit ihrer feinen Nase erkennen sie Artgenossen wieder, stellen fest, ob es sich um männliche oder weibliche Tiere handelt, ob sie paarungswillig sind oder nicht. Sie können Wasserstellen aufspüren und finden anhand des Geruchs den

Das Pferd »flehmt«, wenn es etwas Interessantes riecht.

Heimweg. Außerdem bemerken sie jede Ausdünstung des Reiters, z. B. Angstschweiß.

Wie einige andere Tiere besitzt auch das Pferd noch ein extra Riechorgan im Rachenraum, das Jacobson Organ, mit dem es besonders interessante Gerüche untersucht. Dazu reckt es den Kopf vor und stülpt die Oberlippe hoch, um die Nüstern zu verschließen und den Geruch am Gaumen zu »schmecken« – das nennt man flehmen. Beispielsweise flehmt ein Hengst, wenn er eine paarungsbereite Stute wittert.

Fühlen

Pferde nehmen über die Haut kleinste Berührungen wahr, beispielsweise das Landen einer Fliege. Diese Tatsache sollte man übrigens auch immer beim Reiten bedenken: Das Bein muss nicht mit aller Kraft angedrückt werden, damit das Pferd etwas merkt!

Tasthaare dienen unter anderem zur Orientierung.

Der Kopfbereich ist besonders sensibel. Die Oberlippe des Pferdes besitzt ähnlich viele Nervenenden wie unsere Fingerspitzen, mit ihr kann der Vierbeiner sehr genau Futter oder andere Gegenstände prüfen. Pferde können kleinste unerwünschte Futterteilchen aussortieren – das macht Medikamentengaben schwierig.

Die Tasthaare um das Maul helfen dem Pferd beim Erfühlen von Gegenständen (Boden, Futterkrippe) und damit bei der Orientierung. Die Tasthaare an den Augen schützen auch vor Fremdkörpern. Tasthaare dürfen niemals abrasiert werden.

Auch der unbeschlagene Huf hat einen Tastsinn, mit dem die Bodenbeschaffenheit getestet wird. Deshalb läuft ein Barhuf-Pferd auch lieber über Gras als über Steine.

Schmecken

Es ist nicht genau erforscht, wie und was Pferde schmecken können. Wahrscheinlich können sie ebenso wie Menschen zwischen süß, sauer, salzig und bitter unterscheiden.

Angeboren sind die Vorliebe für Süßes und eine Abneigung gegen stark Bitteres, denn das könnte giftig sein. Allerdings erkennen Pferde Giftpflanzen wohl nicht allein am bitteren Geschmack, sondern sie lernen vor allem durch Abgucken – was Mama verschmäht, mag auch das Fohlen nicht.

Schon gewusst?

Pferde empfinden genauso Schmerzen wie wir. Wie stark, lässt sich nicht immer genau feststellen. Zum einen ist das von Tier zu Tier verschieden, zum anderen können Pferde nun mal leider nicht sagen, wo und wie etwas wehtut. Sie verziehen auch nicht schmerzverzerrt das Gesicht oder jammern vor sich hin, sondern leiden stumm. Akute Schmerzen erkennt man an Scharren, Schwitzen, erhöhtem Puls, Unruhe oder Schonung eines Beins. Chronische Schmerzen sind schwierig zu erkennen, sie zeigen sich in Apathie, Verhaltensänderung, stumpfem Fell oder Appetitlosigkeit.

Verständigung untereinander

Pferde verständigen sich untereinander nicht so sehr mit Lauten, sondern viel mehr über die Körpersprache. Die Vierbeiner sind äußerst genaue Beobachter und erkennen sofort, in welcher Stimmung ein anderes Pferd oder der Mensch sich ihm nähert.

Das zeigen Kopf und Gesicht

Die Stellung der Ohren ist ein recht deutlicher Stimmungsanzeiger. Sind sie gespitzt, ist das Pferd freundlich und aufmerksam. Werden sie seitlich fallen gelassen, ist das Pferd müde und teilnahmslos. In der Herde drückt es mit dieser Ohrstellung auch Unterlegenheit aus. Leicht nach hinten gedrehte Ohren zeigen, dass das Pferd auf Geräusche von hinten lauscht, z. B. beim Reiten. Ein wütendes, aggressives Pferd presst die Ohren flach nach hinten an den Kopf. Vorsicht ist angesagt!

Das Pferd ist interessiert und freundlich.

Zum Drohgesicht gehören auch schmal gezogene Nüstern. Wird all dies ignoriert, kann es sein, dass plötzlich der Hals vorschnellt und die Zähne gebleckt werden. Ein deutliches Zeichen: Weg da!

Werden die Lippen fest zusammengekniffen, ist das eine abgemilderte Drohung oder ein Zeichen, dass das Pferd Schmerzen hat. Un-

Das Pferd ist müde oder unsicher.

zufriedenheit äußert sich in einem Kräuseln der Nüstern.

Bei Aufregung oder Angst weiten sich die Nüstern, die Augen werden weit aufgerissen, sodass man das Weiße darin sieht.

Werden Pferde an ihrer Lieblingsstelle gekrault, zeigen sie ein »Genießergesicht«: Sie recken den Hals vor, machen die Oberlippe lang und verdrehen den Kopf.

Das Pferd ist wütend!

Mit der Stimme rufen Pferde nach Artgenossen, sie quietschen oder schnauben zur Begrüßung und schnorcheln bei großer Aufregung. Meist sind Pferde aber lautlos, denn in freier Natur würden sie mit ständigen Geräuschen Feinde auf sich aufmerksam machen.

Das zeigt der Körper

Der Körper ergänzt die Hinweise, die uns der Pferdekopf gibt.

Steht das Pferd mit hoch aufgerichtetem Hals, erhobenem Schweif und gespannt wie ein Flitzebogen da, ist es aufgeregt. Es kann dabei auch noch laut durch die Nüstern schnaufen. Oft trabt es anschließend mit großen Tritten über die Weide.

Ist das Pferd aufgeregt, hebt es den Kopf und stellt den Schweif auf.

Hat das Pferd dagegen richtig Angst, klemmt es den Schweif ein und rennt geduckt davon.

Trabt ein Hengst mit gewölbtem Hals und stolzen Tritten, will er imponieren. Schlägt er mit dem Vorderbein, ist das eine Drohgebärde.

Stampfen mit dem Bein bedeutet bei allen Pferden Protest.

Auch das Anheben eines Hinterbeins ist eine deutliche Drohung: Achtung, ich schlage gleich aus!

Ein aufgestelltes Hinterbein (Schildern) dagegen zeigt, dass das Pferd entspannt ist und sich ausruht.

Auch der Schweif zeigt an, wie das Pferd sich fühlt. Hängt er locker herab, ist alles in Ordnung. Peitscht der Schweif hin und her, ist der Vierbeiner unwillig und unzufrieden, z. B. unter dem Reiter.

Steht das Pferd auf der Weide und wedelt beim Grasen mit dem Schweif, verscheucht es damit allerdings nur Fliegen.

Ein aufgestellter Schweif zeigt, wie oben beschrieben, Aufregung, ein eingeklemmter Angst.

Ein entspanntes, dösendes Pferd hat die Augen meist halb geschlossen und hält Kopf und Hals gesenkt. Eine ähnliche Körperhaltung kann bei einem kranken Tier aber auch auf Erschöpfung oder Schmerzen hindeuten. Es ist also nicht ganz einfach, die Körpersprache des Pferdes immer richtig zu deuten. Je öfter du Pferde beobachtest, vor allem auf der Weide, desto besser wird dein Blick geschult.

Verständigung Pferd-Mensch

Damit es zwischen Pferd und Mensch nicht zu Missverständnissen kommt, sollte der Mensch die Körpersprache des Vierbeiners deuten lernen und auf eine für das Pferd verständliche Weise mit ihm »reden«.

Grundsätzlich ist es im Umgang mit Pferden wichtig, dass man sich ruhig bewegt, nicht mit den Armen herumfuchtelt und mit ruhiger Stimme spricht. Nicht zu vergessen ist die Atmung. Ruhiges Atmen signalisiert dem Pferd: Alles in Ordnung. Angehaltener Atem dagegen bedeutet mögliche Gefahr, das Pferd wird nervös.

Die Körperhaltung sollte aufrecht und bestimmt sein. Hängender Kopf und Schultern signalisieren Schwäche und Unentschlossen-

heit. Man sollte sich vorher überlegen, was man von dem Pferd möchte, und das dann klar kommunizieren. Zögerndes Hin und Her verunsichern das Pferd oder lassen ein dominantes Tier auf die Idee kommen, selbst die Führung zu übernehmen.

Einem sicheren Anführer folgt das Pferd vertrauensvoll.

Hier ein paar einfache Beispiele, wie du auf »Pferdisch« mit dem Vierbeiner kommunizieren kannst.

Auf der Weide

Bedrängt dich ein Pferd? Mache ein paar energische Schritte auf es zu, hebe gegebenenfalls die Arme. Das Pferd wird zurückweichen. Du kannst auch ein paar Mal kräftig mit dem Bein aufstampfen, das hat den gleichen Effekt.

Dein Pferd lässt sich schwer einfangen? Gehe nicht frontal wie ein Raubtier, sondern schräg von vorne und mit ruhigen Schritten auf es zu.

Halte die Arme dabei locker nach unten. Manchmal hilft es auch, »unbeteiligt« zu tun,

also das Pferd nicht anzustarren, sondern woanders hinzugucken. Bei neugierigen Pferden kann man sich auch zunächst einem anderen Pferd in der Nähe zuwenden und es streicheln. Oft kommt der Ausreißer dann gucken, was los ist. Hast du ihn aufgehalftert, belohne ihn mit einem Leckerchen, das merkt er sich fürs nächste Mal.

Beim Führen

Dein Pferd drängelt gegen dich? Remple es einmal mit deiner Schulter oder deinem Ellbogen an. Eine andere Möglichkeit: Pikse einen oder mehrere Finger in die Pferdeschulter, begleitet von einer raschen Drehung deines Oberkörpers Richtung Pferd – ähnlich wie die Leitstute, die einen anderen zurückweist.

Auf solche deutlichen Signale reagiert fast jedes Pferd.

Dein Pferd trampelt dir von hinten in die Hacken? Bleibe mit gestrafften Schultern und abgespreizten Ellbogen abrupt stehen – das Pferd wird zurückweichen.

Beim Putzen

Dein Pferd denkt nicht daran, herumzutreten und dir Platz zu machen? Richte dich auf, straffe die Schultern und pikse dem Pferd kurz mit dem Finger in die Flanke. Fest gegen die Hinterhand drücken, nützt meist nichts, denn Pferde reagieren auf Druck mit Gegendruck.

Ein kleiner Fingerpiks ist wirkungsvoller als Körperdruck.

Beim Longieren

Hier hat dich das Pferd besonders gut im Blick. Mit etwas Übung kannst du das Pferd bald nur mit Körpersprache und leisen Kommandos dirigieren. Wende deine Schulter gegen seine Bewegungsrichtung und es wird langsamer werden. Hebe den der Bewegung entgegengesetzten Arm und es wird anhalten. Zeige mit der Peitsche auf sein Hinterbein, um es anzutreiben, ggf. folgt ein kleiner Schwung mit dem Schlag.

Loben und Strafen

Unerwünschtes Verhalten, wie z. B. Anrempeln oder Drängeln, musst du im gleichen Moment kurz bestrafen, nur dann versteht das Pferd den Zusammenhang. Meist reicht ein Piks, dazu ein strenges »Nein!«. Wildes Herumschreien oder Schlagen sind völlig überflüssig und bewirken sogar das Gegenteil. Mit so einem Verhalten stufst du dich selbst im Rang zurück, denn nur rangniedrige Pferde reagieren so kopflos wütend. Der Chef bleibt immer cool und zeigt nur mit deutlichen kurzen Signalen, wenn etwas nicht erwünscht ist.

Macht ein Pferd beim Reiten oder bei der Bodenarbeit etwas falsch, liegt das meist an einer unklaren Anweisung durch den Menschen, oder das Pferd hat eine Übung noch nicht richtig begriffen. Deshalb ist es besser, Fehler einfach zu ignorieren und das Pferd dafür sofort zu loben, wenn es etwas richtig macht. So lernt es am besten.

Loben kannst du mit der Stimme (»Braaav«) oder mit einem kurzen Kraulen an der Schulter. Die größte Belohnung aber ist, nach Gelingen einer Übung aufzuhören!

Exkursion: Die mit den Pferden flüstern

Die Bezeichnung »Pferdeflüsterer« ist spätestens seit dem gleichnamigen Film mit Robert Redford weitverbreitet, auch wenn die Herkunft des Begriffs nicht geklärt ist. Angeblich geht er bis ins 19. Jahrhundert zurück, als man schwierige Pferde scheinbar durch Flüstern ins Ohr besänftigte – wobei es sich in Wahrheit wohl um eine Zwangsmaßnahme handelte. Das Motto der Pferdeflüsterer lautet: Denke wie ein Pferd. Dazu beobachten sie die Körpersprache und die Verhaltensweisen der Vierbeiner sehr genau und versuchen, sie über Gesten ähnlich wie ein Artgenosse anzusprechen. Damit wollen sie die Beziehung zwischen Mensch und Tier verbessern oder Probleme mit schwierigen Pferden lösen.

Viele Pferdeflüsterer betrachten die unbedingte Dominanz dem Pferd gegenüber als sehr wichtig, sie wird immer wieder abgefragt. Kritiker bemängeln, dass den Pferden dadurch jeglicher Spielraum genommen wird und sie wie Maschinen reagieren müssen.

Unbestritten aber ist, dass die meisten »Flüsterer« langjährige Erfahrung mit den Vierbeinern aufweisen und ein besonderes Talent im Umgang mit ihnen haben.

Ihre Popularität hat dazu beigetragen, dass man sich mehr Gedanken um schwierige Pferde macht und auch mal ungewöhnliche Wege zur Problemlösung wählt.

Allerdings sollte man sich hüten, ihre Methoden als Patentrezepte für jedes Pferd zu betrachten. Tiere sind so unterschiedlich wie wir Menschen. Und eine gute Beziehung zum Pferd braucht Erfahrung und Zeit.

Monty Roberts

Er ist der berühmteste Pferdeflüsterer mit weltweiten Auftritten auf Pferdemessen und Shows. Monty Roberts' bekannteste Methode ist das »Join up«, das im Roundpen durch-

Monty Roberts

geführt wird. Zuerst wird das widerspenstige Pferd so lange im Kreis herumgescheucht, bis es durch Kopfsenken und Lippenlecken die Bereitschaft erkennen lässt, sich dem Menschen anzuschließen. Erlaubt dieser es, folgt ihm das Pferd bald überall hin.

Kritiker bemängeln, dass bei diesem System zwar ohne Schläge, aber mit psychischem Druck gearbeitet wird. Für sensible Naturen ist diese Methode deshalb nur bedingt geeignet.

Linda Tellington-Jones

Linda Tellington-Jones

Sie selbst würde sich wahrscheinlich nicht als Pferdeflüsterin bezeichnen, aber LTJ ist eine Pionierin in Bezug auf alternative Ausbildungsmethoden beim Pferd. Sie erfand die TTEAM-Methode, eine besondere Form der Bodenarbeit, und den TTouch, spezielle Berührungen, die Gesundheit und Rittigkeit des Pferdes positiv beeinflussen sollen. LTJ legt besonderen Wert auf einen vertrauensvollen, entspannten Umgang mit den Tieren und ein verbessertes Körperbewusstsein bei Pferd und Mensch.

Der Körper des Pferdes

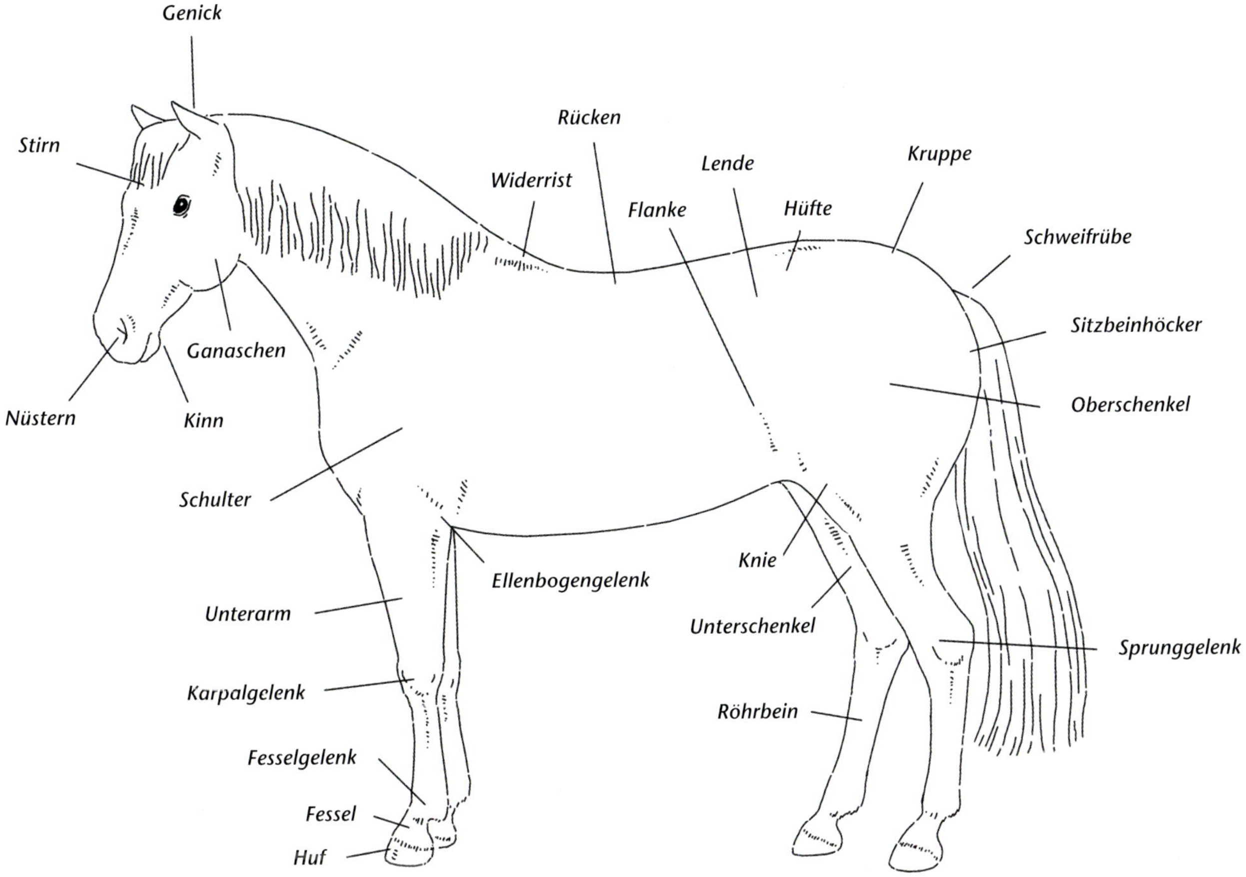

Genick

Stirn

Rücken

Widerrist

Lende

Kruppe

Flanke

Hüfte

Schweifrübe

Sitzbeinhöcker

Ganaschen

Oberschenkel

Nüstern

Kinn

Schulter

Knie

Ellenbogengelenk

Unterschenkel

Sprunggelenk

Unterarm

Röhrbein

Karpalgelenk

Fesselgelenk

Fessel

Huf

Die äußere Erscheinung, also den Körper des Pferdes, bezeichnet man auch als Exterieur, seine inneren Eigenschaften, seinen Charakter und sein Temperament, als Interieur. Beide sind für ein Reitpferd wichtig.

Ein Pferd vom Körperbau her zu beurteilen, ist nicht leicht und erfordert ein geübtes Auge. Fehlerfreie Pferde gibt es nicht, aber ein Tier mit einem schwerwiegenden körperlichen Mangel ist als Reitpferd meist ungeeignet. Bewegungsprobleme und frühzeitiger Verschleiß sind vorgezeichnet.

Der Körperbau eines Pferdes entscheidet auch über sein Einsatzgebiet. Ein Freizeitpferd kommt mit kleinen Mängeln meist gut zurecht, wobei die gleichen Mängel bei einem Hochleistungs-Spring- oder Dressurpferd zu ernsthaften Schwierigkeiten führen können. Auch muss dem Reiter klar sein, dass ein stämmiges Pony im Dressurreiten körperliche Einschränkungen hat oder dass ein Kaltblut für stundenlange Ausritte nur bedingt geeignet ist. Verlangt man von einem Pferd mehr, als es von seinem Körper her leisten kann, wird es sich wehren.

Ein wohlproportioniertes und harmonisch gebautes Pferd ist von Natur aus besser im Gleichgewicht, zeigt flüssige Bewegungen und ist deshalb leichter zu reiten.

Ist das Pferd ein gutes Reitpferd? Dann sollte es folgende Punkte erfüllen:

• Sein Rücken sollte nicht zu kurz sein, dann

Beinstellungen

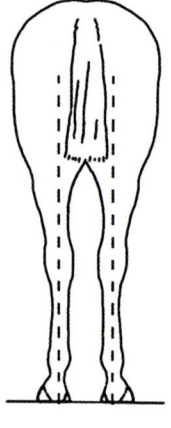
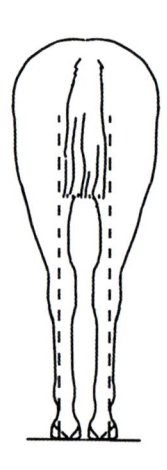
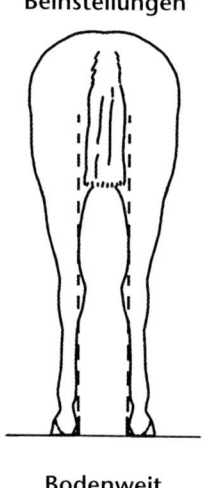
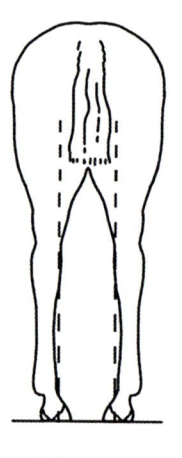
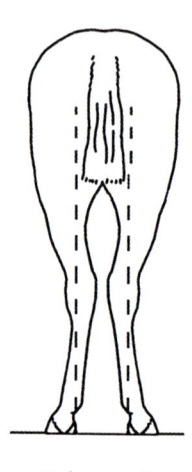

| Normal | Bodeneng | Bodenweit | Zeheneng | Zehenweit |

schwingt er nicht. Ein zu langer Rücken dagegen bedeutet mangelnde Stabilität und Versammlungsfähigkeit.

- Die Schulter sollte lang und schräg sein, damit das Pferd freie, weite Bewegungen hat.
- Der Hals sollte nicht zu lang, aber auch nicht kurz und kräftig sein. Ein zu tief angesetzter Hals erschwert dem Pferd die Dressurarbeit. Erwünscht ist ein gut bemuskelter, leicht aufgewölbter Hals.
- Die Vorderbeine sollten gerade, die Hinterbeine gut gewinkelt sein. Von hinten bzw. vorne betrachtet, dürfen die Beine nicht zu eng, krumm oder zu weit stehen. Dünne Beine mit schwach ausgeprägten Gelenken halten größeren Belastungen nicht so gut stand.

Der Huf

Gesunde Hufe sind für das Pferd von zentraler Bedeutung. »Ohne Huf kein Pferd« heißt nicht umsonst eine alte Redensart.

Pferde laufen nicht auf der Fußsohle, sondern auf ihrer Zehenspitze, die von einer Kapsel aus Horn, dem Huf, umgeben ist. Dieser muss besondere Anforderungen erfüllen: Er muss das Gewicht des Pferdes tragen und außerdem jeden Schritt oder Sprung abfedern,

um die Gelenke zu schonen. Das geschieht über den sogenannten »Hufmechanismus«.

Beim Aufsetzen des Hufs werden die Ballen auseinandergedrückt, sodass der Strahl Kon-

Schon gewusst?

Pferdeköpfe sind unterschiedlich geformt. Dies hängt von der Rasse ab und hat meist keinen Einfluss auf Leistungsfähigkeit oder Charakter des Pferdes.

Gerade Nasenlinie ❶: Keilkopf (Warmblüter, Englische Vollblüter)

Nach außen gebogene Nasenlinie ❷: Ramsnase bzw. Ramskopf (viele Kaltblüter oder Lipizzaner, Kladruber etc.)

Nach innen gebogene Nasenlinie ❸: Hechtkopf (Araber. Heute sind die Züchtungen oft so extrem, dass Probleme mit der Gebisslage sowie beim Atmen und Fressen auftreten können.)

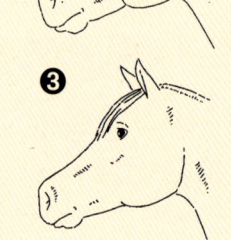

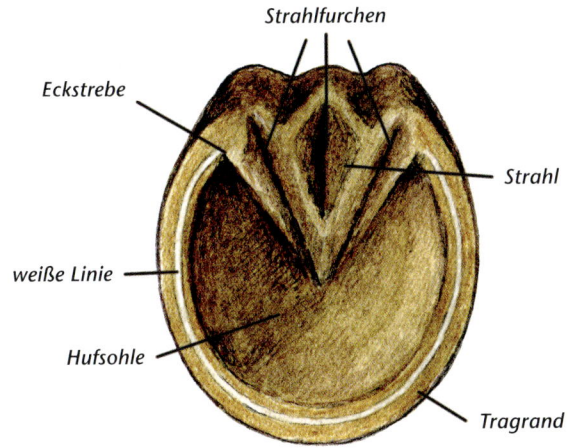

Strahlfurchen

Eckstrebe

Strahl

weiße Linie

Hufsohle

Tragrand

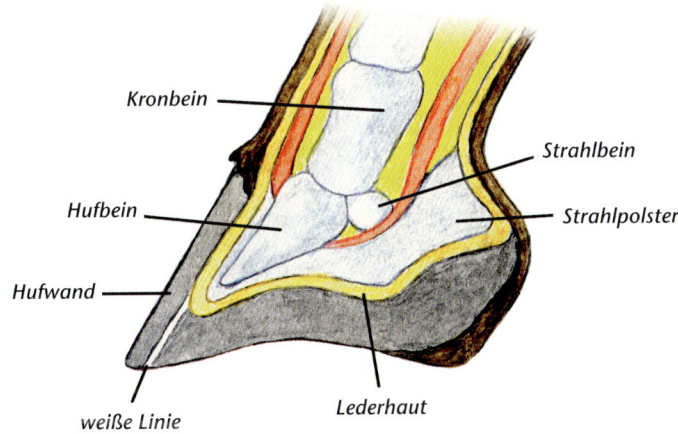

Kronbein

Strahlbein

Hufbein

Strahlpolster

Hufwand

weiße Linie

Lederhaut

Aufbau eines Pferdehufs

takt zum Boden bekommt. Die Nervenenden in der Lederhaut leiten Informationen über die Bodenbeschaffenheit weiter. Beim Abfußen ziehen sich die Ballen wieder zusammen, was einen Effekt wie bei einer Saugpumpe auslöst. Dieses »Pumpen« bezeichnet man als Hufmechanismus. Er gewährleistet die gute Durchblutung des Hufs und der Beine.

Ein Beschlag schränkt diesen Mechanismus ein, zudem führt ein Eisenbeschlag zu deutlich mehr Erschütterung im Pferdebein.

Wichtig für einen gesunden Huf sind das tägliche sorgfältige Auskratzen sowie eine regelmäßige Hufbearbeitung durch den Schmied oder Hufpfleger alle 6–7 Wochen.

Zähne

Zunächst bekommt ein Fohlen Milchzähne, die es genau wie ein Kind wieder verliert. Im Alter von ca. 4,5 Jahren hat das Pferd alle bleibenden Zähne, insgesamt 36. Mit den 12 Schneidezähnen wird Gras gerupft oder Rinde abgenagt, mit den 24 Backenzähnen wird die Nahrung mahlend zerkleinert. Zwischen Schneide- und Backenzähnen befindet sich eine zahnlose Lücke, in der beim Reiten das Trensengebiss liegt.

Ein Fachmann kann anhand der Stellung, Form und Abnutzung der Zähne das ungefähre Alter des Pferdes bestimmen.

Fellfarben

Wildpferde hatten unauffällige Fellfarben, meist graubraun oder sandfarben. Damit waren sie in ihrer natürlichen Umgebung gut getarnt.

Erst durch die Zucht sind im Laufe der Zeit verschiedenste Fellfarben entstanden, von weiß über fuchsfarben, braun bis schwarz. Außerdem gibt es zahlreiche Zwischentöne und unterschiedliche Scheckungen.

Bei der Farbbezeichnung wird nicht nur die Farbe des Fells, sondern auch die des Langhaars (Mähne, Schweif) berücksichtigt.

Manche Rassen erlauben nur eine einzige Fellfarbe (z. B. müssen Friesen immer Rappen sein), andere, wie Quarterhorses, erlauben alle Farben, aber keine Schecken.

**Rappe:** Schwarzes Fell und Langhaar. Daneben gibt es aber auch Sommer- oder Winterrappen, die in der jeweiligen Jahreszeit ein eher bräunliches Fell bekommen.

  **Brauner:** Rötliches bis dunkelbraunes Fell, schwarzes Langhaar und schwarze Beine.

  **Fuchs:** Gelbliches bis (dunkel-)rötliches Fell, das Langhaar hat entweder die gleiche Farbe oder ist heller. Je nach Helligkeit des Fells bezeichnet man sie als Hellfuchs, Kupferfuchs, Rotfuchs, Dunkelfuchs oder Kohlfuchs.

  **Isabell:** Wird international auch Palomino genannt. Hier ist durch ein Gen die Fuchsfarbe aufgehellt. Das Fell ist gelb bis goldgelb, das Langhaar cremefarben oder weiß bis silbern.

  **Falbe:** Die ursprüngliche Wildpferdefarbe. »Echte« Falben haben deshalb noch einen dunklen Aalstrich auf dem Rücken und manchmal Zebrastreifen an den Beinen. Falben haben sandfarbenes oder graues Fell und schwarzes oder dunkelbraunes Langhaar.

  **Schimmel:** »Ausgeschimmelte« Pferde haben weißes Fell und weißes Langhaar. Das Weiß ist aber keine eigene Fellfarbe, sondern genetisch bedingt durch ein ungewöhnlich schnelles Ergrauen der Haare. Schimmel werden in einer dunklen Grundfarbe geboren und hellen im Laufe der Jahre unterschiedlich schnell auf. In dieser Phase kann eine Apfelzeichnung auftreten (Apfelschimmel). Manche ausgeschimmelten Pferde behalten kleine schwarze Punkte im Fell (Fliegenschimmel).

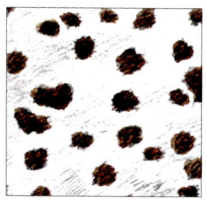  **Schecke:** Schecken haben zusätzlich zu ihrer Grundfarbe klar definierte weiße Bereiche im Fell, die über das Maß normaler Abzeichen hinausgehen. Es gibt Tigerschecken (Abb. oben), deren Fell dunkle

  Punkte auf weißem Grund oder weiße Flecken auf dunklem Grund aufweisen. Als Plattenschecken bezeichnet man dagegen Pferde mit großen Farbmustern (Abb. unten).

Abzeichen

Abzeichen nennt man die weißen, pigmentfreien Stellen im Fell der Pferde, vor allem am Kopf und an den Beinen.

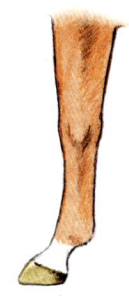  

halbweiße Fessel   weiße Fessel   weißes Bein

Die meisten Pferde besitzen ein oder mehrere Abzeichen, nur wenige sind völlig einfarbig. An ihnen lässt sich ein Pferd immer wiedererkennen, denn sie verändern sich nicht. Deshalb werden sie auch in den Pferdepass eingetragen.

Keilstern

Blume

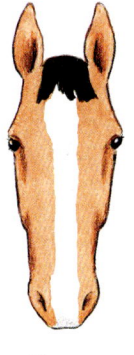
Blesse

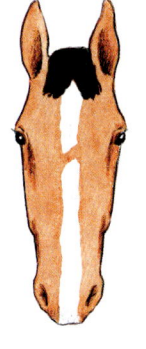
Unterbrochene
Blesse

Laterne

Schnippe

Weiße Zeichnungen am Kopf werden Blesse genannt, je nach Form und Größe hat sie unterschiedliche Namen.

Ebenso haben die Abzeichen an den Beinen unterschiedliche Bezeichnungen. Ein Pferd mit weißen Füßen wird zum Beispiel auch als »gestiefelt« bezeichnet.

Es gibt auch farbige Abzeichen wie z. B. den Aalstrich. Diese dunkle Linie auf dem Rücken findet man vor allem bei Wildpferden.

Gangarten

Von Natur aus beherrscht jedes Pferd die drei Grundgangarten Schritt, Trab und Galopp.

Manche Rassen sind durch die Zucht so spezialisiert, dass sie eine Gangart besonders gut beherrschen, z. B. können die meisten Traber von Geburt an besser traben als galoppieren.

Der Schritt ist die langsamste Gangart. Dabei bewegt das Pferd sich in einem ruhigen Viertakt ohne Schwebephase.

Im Dressurreiten unterscheidet man wieder zwischen dem versammelten Schritt, dem Mittelschritt und dem starken Schritt. Sie variieren in Bezug auf Tempo und Schrittweite.

Trab ist die »Laufgangart«, ein schneller Zweitakt mit kurzer Schwebephase. Ein trainiertes Pferd kann lange Strecken im Trab zurücklegen.

Im Dressurreiten unterscheidet man zwischen versammeltem Trab, Arbeitstrab, Mitteltrab und starkem Trab. Im Westernreiten gibt es einen besonders langsamen Trab, den sogenannten »Jog«.

Der Trab ist diejenige Gangart, die man durch Reiten am meisten verbessern kann. Schritt und Galopp dagegen lassen sich nur bedingt trainieren.

Im Galopp bewegt sich das Pferd in einer Abfolge von Sprüngen vorwärts, zu hören ist dabei ein schwungvoller Dreitakt. Die Schwebephase, in der alle vier Beine in der Luft sind, ist ausgeprägter als im Trab.

Ein Galopp kann sehr langsam sein, wenn er versammelt geritten wird, seine Geschwindigkeit lässt sich aber bis zum Renngalopp steigern. Hier erreicht das Pferd bis zu 60 km/h. Solch ein Tempo hält es natürlich nur über kurze Strecken durch.

Im Englischen wird der normale Arbeitsgalopp »Canter« genannt; im Westernreiten gibt es den langsamen Galopp am langen Zügel, den Lope.

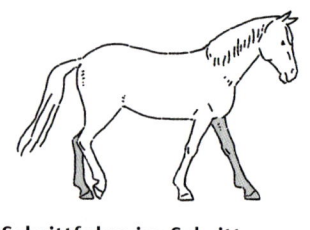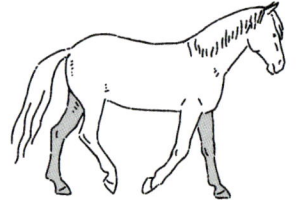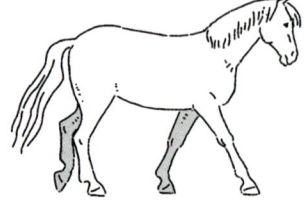

Schrittfolge im Schritt

Schrittfolge im Trab

Schrittfolge im Galopp

Spezialgangarten

Die sogenannten Gangpferde beherrschen neben den drei Grundarten noch ein oder zwei weitere Gangarten, nämlich Pass und Tölt. Ursprünglich hatten wohl die meisten Pferderassen eine Veranlagung zum Tölt. Im Mittelalter waren Tölter aufgrund ihrer bequemen Gänge beliebte Reisepferde. Diese Veranlagung wurde jedoch im Lauf der Zeit weggezüchtet, da sie bei Kutschpferden unerwünscht war.

Tölt ist ein Viertakt mit gleicher Fußfolge wie beim Schritt, nur wird er gelaufen. Der Tölt ist für den Reiter sehr bequem zu sitzen, da es keine Schwebephase gibt. Allerdings ist es ein Irrglaube, ein töltendes Pferd sei deshalb leicht zu reiten. Gangpferde müssen schließlich 4–5 Gänge auseinanderhalten, da kommen sie

Schrittfolge im Tölt

Schrittfolge im Pass

Die meisten Pferde haben im Tölt ein Lieblingstempo, in dem sie taktklaren Tölt gehen.

schnell mal mit ihren Beinen durcheinander.

Der Pass ist ein lateraler Gang, dabei fußen die Beinpaare einer Seite jeweils gleichzeitig auf. Manchmal gehen auch »normale«, schlecht gerittene Reitpferde im Pass, was aber unerwünscht ist.

Pass wird bei Gangpferden nur über kurze Strecken im Renntempo geritten. Diesen Rennpass sollte man nicht zu oft reiten, da er für das Pferd sehr anstrengend ist.

Die meisten Gangpferde gibt es heute in Nord- und Südamerika, z. B. die Saddlebreds, Missouri Foxtrotters oder Pasos. Von den europäischen Pferderassen zeigen nur Isländer die Spezialgangarten Pass und Tölt.

Schon gewusst?

Isländer legten bei der Züchtung besonderen Wert auf die Erhaltung der 4. und der 5. Gangart, denn diese Gänge wurden gebraucht. Pferde stellten für die Isländer vor der Einführung der Autos und der kompletten Instandsetzung der Ringstraße die einzige Transportmöglichkeit dar. Und da das Reiten im Tölt angenehm und im Rennpass schnell ist, war es wichtig, dass Islandpferde diese zusätzlichen Gangarten besaßen. Wer möchte und kann schon Tagesreisen im Galopp absolvieren?

Rassen

Wie konnten sich aus den wenigen ursprünglichen Wildpferdetypen Hunderte verschiedene Pferderassen entwickeln?

Vereinfacht gesagt lässt sich das mit einem Zusammenspiel von regionalen Klimabedingungen und Zucht durch den Menschen erklären.

Die Urpferde von einst drangen in immer unterschiedlichere Regionen der Welt vor und passten sich den dort herrschenden Klimabedingungen an. So entstanden unterschiedliche Urpferdtypen, beispielsweise kurzbeinige, kräftige Nordpferde mit dickem Fell oder zierliche, hochbeinige Südpferde mit feinem Haarkleid.

Nach der Domestikation begann der Mensch, gezielt in die Vermehrung der Tiere einzugreifen, also zu züchten. Er kreuzte Pferde miteinander, die ihm vom Aussehen und ihren Eigenschaften her besonders gefielen. Durch Kriegszüge und Eroberungen mischten sich unterschiedlichste Pferdetypen und es entstand eine immer größere Rassevielfalt.

Was ist eine Rasse?

Heute gibt es ungefähr 200 Pferderassen. Grundsätzlich unterscheidet man zunächst zwischen Ponys und Großpferden. Alle Tiere mit einem Stockmaß über 1,48 m bezeichnet man als Pferde. Die Pferde wiederum lassen sich in Vollblüter, Warmblüter und Kaltblüter unterteilen.

So wird das Stockmaß gemessen!

Als Rasse bezeichnet man eine Gruppe von Pferden, die sich hinsichtlich Körperbau, Größe und Temperament, bei manchen Rassen auch hinsichtlich Fellfarbe (z. B. Friesen), ähneln und diese Eigenschaften an ihre Nachkommen weitergeben.

Dass die jeweiligen Rassekriterien auch eingehalten werden, darüber wachen die verschiedenen Zuchtverbände.

Die meisten Pferderassen gibt es erst seit ungefähr hundert Jahren, einige, wie das englische oder das arabische Vollblut, existieren aber auch schon sehr viel länger: 300 bzw. ca. 5000 Jahre!

Für jede Rasse gibt es Stamm- oder Stutbücher, in die die Abstammung der dazugehörigen Tiere eingetragen wird. So weiß jeder Züchter genau über die Vorfahren seines Pferdes Bescheid.

Man unterscheidet zwischen geschlossenen und offenen Stutbüchern.

Reinzuchten, wie z. B. das Englische Vollblut oder das Islandpferd, haben geschlossene Stutbücher, das heißt, sie akzeptieren keine fremden Rassen. Alle Pferde, die neu aufgenommen werden, müssen von eingetragenen Tieren abstammen.

Friesen müssen stets Rappen sein.

Dagegen haben beispielsweise viele Warmblutzuchten offene Stutbücher. Hier müssen die Elterntiere nicht zwingend von derselben Rasse sein, sondern dürfen auch von ausgewählten Fremdrassen abstammen. Besonders oft werden Vollbluthengste zur Veredelung eingekreuzt.

Pferdezucht heute

Jeder, der züchten möchte, darf dies nur mit ausgewählten, geprüften Tieren tun und nicht nach »Lust und Laune« – zumindest wenn er ein Rassefohlen mit Papieren haben möchte.

Jeder Zuchtverband hat eigene Prüfungen, in denen Stuten und Hengste bewertet werden. Indem man nur Tiere zur Fortpflanzung zulässt, die in Bezug auf Körperbau, Charakter und Leistungsfähigkeit dem Idealbild entsprechen, sollen der Bestand und die Qualität der Rassen gesichert werden.

Papiere

Ein Fohlen von anerkannten, ins Stutbuch eingetragenen Elterntieren bekommt einen Abstammungsnachweis, sogenannte Papiere. Darin sind seine Vorfahren, Geburtsdatum, Farbe, Geschlecht, Abzeichen und der Züchter eingetragen.

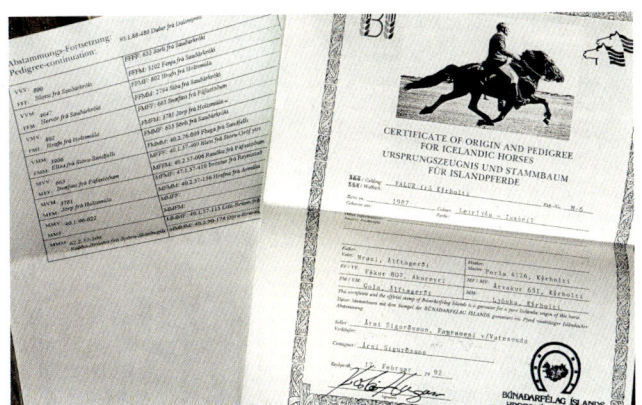

Um mit einem Pferd zu züchten, braucht man Papiere.

Trotz Papieren darf man später nicht automatisch mit diesem Tier züchten, sondern muss es erst beurteilen und ins Stammbuch eintragen lassen. Schließlich kann auch bei zwei Rassepferden mal ein nicht so gutes Fohlen herauskommen.

Manche Menschen lassen auch Pferde, die keiner Rasse angehören, Fohlen bekommen. Daraus können zwar gute Tiere entstehen, doch oft haben solche Zufallsprodukte mehr oder weniger große Mängel und lassen sich zudem wegen fehlender Papiere schlecht verkaufen.

Schon gewusst?

Bei den Equiden nennt man das weibliche Tier Stute und das männliche Hengst. Ein Wallach ist ein früherer Hengst, der in jungen Jahren kastriert wurde, sodass er keine Nachkommen mehr zeugen kann.

Die Kastration ist zwar ein Eingriff in die Natur, doch für das Pferd meist besser. Hengste sind temperamentvoll und können im Umgang und in der Haltung schwierig sein. Ein Wallach ist umgänglicher und kann problemlos mit anderen Pferden zusammen gehalten werden – was für das Pferd letztlich schöner ist.

Für die Zucht haben Hengste eine größere Bedeutung als Stuten, da sie viel mehr Nachkommen zeugen können, als eine Stute austragen kann. Sie prägen eine Rasse also in größerem Umfang. Ein Hengst wird deshalb nach strengen Kriterien ausgewählt, bevor er Stuten decken darf.

Zunächst wird der junge Hengst einer Kommission vorgestellt, die sein Gebäude und seine Gangarten beurteilt. Die sogenannte Körung ist eine Vorauswahl zur Hengstleistungsprüfung. Diese beinhaltet je nach Rasse unterschiedliche Prüfungsformen. Warmblüter

müssen in einem 70-tägigen Leistungstest ihre Fähigkeiten in Dressur und Springen unter Beweis stellen, Araber können die Leistungsprüfung auch im Distanzreiten ablegen, Kaltblüter müssen eine Zugprüfung bestehen. Erst nach erfolgreicher HLP darf der Hengst decken.

Heute gibt es regelrechte »Modehengste«, die so beliebt sind, dass sie sehr viele Nachkommen zeugen dürfen. Hier muss man aufpassen, dass die Vielfalt nicht schrumpft oder der Inzuchtfaktor zu hoch wird.

Natürlich ist für ein gelungenes Fohlen die Qualität der Stute ebenfalls wichtig. Bevor sie in der Zucht eingesetzt werden darf, wird auch sie im Alter von 3–4 Jahren von einer Kommission beurteilt und entweder ins Vorbuch, Stammbuch oder Hauptstammbuch aufgenommen.

Paarung

Eine Stute wird von Frühling bis Herbst alle 21 Tage rossig. Damit die Fohlen immer zur warmen Jahreszeit geboren werden, geht die Decksaison etwa von März bis Juni (Die Tragzeit bei Pferden beträgt etwas weniger als 1 Jahr).

Artgerecht ist die freie Paarung auf der Weide.

Während der Rosse ist die Stute bereit zur Paarung mit dem Hengst. Die Paarung selbst nennt man auch »Decken«. Dabei springt der Hengst mit den Vorderbeinen auf den Rücken der Stute und leitet seinen Samen in ihre Scheide.

Artgerecht ist die freie Paarung auf der Weide. Stute und Hengst können sich erst kennenlernen; meist werden die Stuten auf diese Weise besser trächtig.

Die Paarung an der Hand, bei der der Stute die Hinterbeine gefesselt werden, damit sie nicht nach dem Hengst ausschlagen kann, ist nicht sehr pferdefreundlich.

Heute wird, vor allem bei teuren Hengsten, oft die künstliche Befruchtung bevorzugt. Mit dieser Methode können mehrere Stuten gleichzeitig befruchtet werden, außerdem kann der Samen des Hengstes zu Züchtern in der ganzen Welt verschickt werden.

Ein wunderschönes Privatgestüt

Gestüte

Pferde oder Ponys werden in Gestüten gezüchtet. Es gibt sowohl private als auch staatliche Gestüte.

Der Begriff »Gestüt« leitet sich zwar von dem Wort Stute ab, doch oft haben Züchter auch einen oder mehrere Hengste auf dem Hof.

Der Großteil der Pferdezucht liegt heute in privater Hand, in kleinen oder mittelgroßen Gestüten. Manche Hobbyzüchter haben nur 5–6 Stuten und keinen eigenen Hengst, andere

Die Landgestüte präsentieren ihre Hengste auf großen Paraden.

dagegen besitzen 50–60 Pferde und mehrere Deckhengste. Daneben gibt es in Deutschland noch elf große Landgestüte, die Züchtern qualitätsvolle Hengste zur Verfügung stellen.

Landgestüte

Um die Pferdezucht zu verbessern und Züchtern hochwertige Hengste zur Verfügung zu stellen, wurden vor allem im 18. und 19. Jahrhundert zahlreiche staatliche Gestüte gegründet. Hierbei unterscheidet man zwischen Landgestüten, auf denen ausschließlich Hengste stehen, und Hauptgestüten, auf denen auch Stuten und Fohlen leben.

Die Hauptaufgabe bestand lange darin, für Kavallerie und Landwirtschaft gutes Pferdematerial zur Verfügung zu stellen. Heute besteht hier kein Bedarf mehr, stattdessen kümmert man sich verstärkt um den Sportpferde-Nach-

wuchs. Außerdem werden auf staatlichen Gestüten Lehrlinge im Pferdesport ausgebildet, es finden Leistungsprüfungen für Hengste und die jährlichen Hengstparaden statt, die Tausende Zuschauer anlocken.

Einen Equidenpass muss das Pferd in jedem Fall besitzen – unabhängig davon, ob das Pferd einer Rasse angehört oder nicht, so wie wir Menschen einen Personalausweis brauchen. Den Pass stellt die Deutsche Reiterliche Vereinigung aus. Im Equidenpass sind Name, Geburtsdatum, Rasse und Besitzer sowie das genaue Aussehen des Pferdes festgehalten; weiterhin werden hier alle Impfungen vermerkt. Den Equidenpass muss man auf Turnieren oder ähnlichen Veranstaltungen immer dabeihaben.

Pony

Haflinger

Hannoveraner

Oldenburger

Marbach

Württemberger Warmblut

Brandzeichen

Um ein Pferd zu kennzeichnen, das zu einem bestimmten Zuchtverband, einem Gestüt oder Züchter gehört, wird Fohlen seit Juli 2009 ein winziger Transponder (Chip) unter die Haut gepflanzt. Ergänzend dazu versehen die meisten Zuchtverbände die Tiere mit einem Brandzeichen. Es gibt den Heißbrand, bei dem ein glühendes Eisen ins Fell gepresst wird, oder den Kaltbrand, der mit flüssigem, tiefgekühltem Stickstoff vorgenommen wird. Brandzeichen finden sich meist auf einer Hinterbacke, einer Halsseite oder in der Sattellage.

Werden die Brandzeichen fachgerecht angebracht, bedeuten sie für das Pferd nur einen kurzfristigen, schnell vergehenden Schmerz.

Kräftig oder elegant: Ponys

Als Ponys bezeichnet man kleine Pferde mit einem Stockmaß bis 147,3 cm. Es gibt sehr unterschiedliche Ponytypen.

Da sind zum einen die ursprünglichen Rassen, zu denen beispielsweise das Fjordpferd und das Shetlandpony gehören. Sie sind vom Körperbau her kompakt und kräftig, ruhig im Temperament und bekommen ein langes, dichtes Winterfell. Ihre Gänge sind eher kurz und nicht so schwingend wie die eines Großpferdes, dafür sind sie enorm trittsicher. Insgesamt sind diese »Robustponys« genügsam und weniger krankheitsanfällig als viele Großpferde. Da sie im Verhältnis zu ihrer Größe auch kräftiger sind als ihre großen Verwandten, eignen sie sich sowohl als Kinder- als auch als Erwachsenenreitpferde. Nicht zu unterschätzen ist allerdings ihr eigenwilliges Wesen, bei falscher Behandlung können sie stur und unkooperativ werden.

Daneben gibt es die eleganten Sportponys, die aussehen wie Großpferde in Miniaturformat: Deutsche Reitponys oder Welshponys. Hier ist in der Vergangenheit viel Vollblutanteil eingekreuzt worden, was die Ponys eleganter, aber auch temperamentvoller gemacht hat.

Isländer zählen zu den »Robustrassen«.

Vollblut, Kaltblut, Warmblut

In Deutschland unterteilt man Großpferde in diese drei Kategorien. Zusätzlich gibt es noch das Halbblut, eine Mischung aus einem Warmblut und einem Vollblut.

Diese Bezeichnungen haben jedoch nichts mit der Menge oder Temperatur des Blutes zu tun. Sie dienen vielmehr dazu, die Tiere hinsichtlich ihres Temperaments und Körperbaus voneinander zu unterscheiden.

Vollblüter sind feingliedrige, feurige Tiere. Es gibt arabische und englische Vollblüter. Das arabische Vollblut ist eine der ältesten Pferderassen, das englische Vollblut stammt von ihr ab und wird seit ca. 300 Jahren rein gezüchtet.

Kaltblüter können auch gute Freizeitpferde werden.

Halbblüter sind etwas leichter und temperamentvoller als Warmblüter und werden oft im Vielseitigkeitssport eingesetzt.

Ein eleganter, temperamentvoller Vollblutaraber

Kaltblüter sind ruhige, schwere Arbeitspferde, von denen es heute längst nicht mehr so viele gibt wie zu ihren Hochzeiten im 18. und 19. Jahrhundert. Sie gehen am liebsten im Schritt. Einige von ihnen können aber auch gute Freizeit-Reitpferde sein.

Warmblüter gehen auf eine Mischung aus Arbeitspferden und Vollblütern zurück. Daraus haben sich athletische, ausgeglichene Sportpferde entwickelt, die man heute auf allen Spring- und Dressurturnieren findet.

Warmblüter sind sportliche Alleskönner.

Größe: *150–162 cm Stockmaß*
Fellfarbe: *häufig Schimmel, aber auch Braune, Falben, Rappen*
Herkunft: *Spanien*
Verwendung: *Hohe Schule, Stierkampf, Dressur- und Barockreiten*

Die Herkunft des Andalusiers ist nicht vollständig geklärt. Wahrscheinlich stammt er vom Berber ab, der mit einheimischen Landschlägen gekreuzt wurde. Die Blütezeit des Andalusiers lag im 16. und 17. Jahrhundert; er hatte neben dem Araber großen Einfluss auf die euopäischen Reitpferderassen. Spanische Pferde, die von Kolumbus nach Amerika gebracht wurden, trugen auch zur Entstehung fast aller amerikanischen Rassen bei, vor allem der Quarterhorses und Criollos. Seit 1912 gibt es die »reine spanische Rasse«, die »Pura raza española« (PRE).

Der Andalusier ist ein mittelgroßes, kompaktes Reitpferd mit runden Formen. Charakteristisch sind die erhabenen, wenig raumgreifenden Bewegungen. Andalusier sind meist kooperativ, haben aber durchaus Temperament. Sie besitzen ein großes Talent für die Hohe Schule und den berittenen Stierkampf, sie sind leicht zu versammeln und können schnell auf der Hinterhand drehen. Seit das Barockreiten wieder in Mode gekommen ist, erleben Andalusier auch in Deutschland wieder einen großen Aufschwung.

Größe: *143–156 cm Stockmaß*
Fellfarbe: *häufig Schimmel, aber auch Füchse, Braune, selten Rappen*
Herkunft: *Arabische Halbinsel*
Verwendung: *Distanzritte, Araberrennen, Allround-Freizeitpferd*

Mündlichen Überlieferungen zufolge besaßen Beduinen schon 2000 Jahre v. Chr. Wüstenpferde, mit denen sie auf engem Raum zusammenlebten und Rennen veranstalteten. Im 7. Jahrhundert wurden der Legende nach vom Propheten Mohammed fünf Araberstuten als Stammmütter der Araberzucht auserwählt.

Vollblutaraber, deren Blutlinien sich noch heute lückenlos auf Vorfahren von der arabischen Halbinsel zurückverfolgen lassen, werden als rein *ägyptisch* oder *asil* bezeichnet. Aber auch in anderen Ländern gibt es berühmte Blutlinien, z. B. in Russland, Polen, Spanien oder England. Sie alle stammen jedoch vom Originalaraber ab.

Jahrhundertelang wurden Araber zur Veredelung verschiedenster Pferde- und Ponyrassen eingesetzt, sie haben daher großen Einfluss in der gesamten Reitpferdezucht. Beim englischen Vollblut ist mindestens einer der drei Stammhengste ein Araber gewesen.

Araber sind temperamentvolle, sensible, menschenbezogene Pferde. Charakteristisch ist ihr feiner Hechtkopf mit den großen Augen. Trotz ihres zierlichen Äußeren sind sie hart, zäh und ausdauernd und daher hervorragend für den Distanzsport geeignet. Auch für die Dressur, fürs Westernreiten oder Springen haben sie Talent.

Größe: *145 – 157 cm Stockmaß*
Fellfarbe: *häufig Schimmel, aber auch Füchse, Braune, Falben, Rappen*
Herkunft: *Algerien, Marokko, Tunesien*
Verwendung: *Dressur- und Barockreiten, Wander- und Geländereiten*

Auch der Berber ist eine sehr alte Pferderasse, manche sagen sogar, er sei älter als der Araber. Er kam wahrscheinlich im 8. Jahrhundert mit den Mauren von Nordafrika nach Europa, wo er großen Einfluss auf das spanische Pferd ausübte.

Der Berber war für die Wüstenvölker, die ihn züchteten, das ideale Kriegspferd, denn er ist äußerst widerstandsfähig, schnell, robust und genügsam.

Im Mittelalter gelangten die Berber vermehrt nach Europa und wurden auch da als Kriegspferde und elegante Reitpferde an königlichen Höfen geschätzt. Später wurde der Berber häufig mit dem Araber gekreuzt, woraus eine neue Rasse, der Araber-Berber entstand. Diese verdrängte den reinen Berber allmählich. Heute gibt es nur noch wenige reingezogene Berber, die von nordafrikanischen Nomaden oder im Ausland (Frankreich, Deutschland) gezüchtet werden.

Der Berber ist ein temperamentvolles, mutiges und zuverlässiges Reitpferd mit sehr bequemen Gängen. Er ist sehr menschenbezogen und anhänglich und braucht viel Ansprache.

Der Berber ist eine spätreife Rasse und sollte erst mit sechs Jahren eingeritten werden.

Größe: *135 – 147 cm Stockmaß*
Fellfarbe: *fast nur Schimmel, die als Braune oder Rappen geboren werden*
Herkunft: *Südfrankreich*
Verwendung: *Wanderreiten, Rinderarbeit, Dressur- und Barockreiten*

Das Camarguepferd, das von seiner Größe her eigentlich zu den Ponys gehört, ist ein überwiegend wild lebendes Pferd aus dem Süden Frankreichs, der Camargue. Man nennt sie auch »Pferde des Meeres«, denn sie leben in einer salzigen Moorlandschaft direkt am Meer mit heißen, mückenreichen Sommern und kalten Wintern.

Die Rasse selbst wurde erst 1968 anerkannt, sie ist aber schon sehr viel älter. Man vermutet, dass sie vom prähistorischen Solutré-Pferd abstammt.

Schon Julius Cäsar war begeistert von den kleinen, kräftigen Pferden und gründete gleich zwei Gestüte. Später wurden häufig Araber und Berber eingekreuzt.

Camarguepferde sind wie alle ursprünglichen Rassen sehr robust und genügsam. Sie werden dunkel geboren und hellen im Laufe der Jahre bis zum Schimmel auf. Ihre Hufe sind besonders breit, damit sie in dem sumpfigen Land der Camargue nicht einsinken. Im Winter bekommen sie einen dicken Winterpelz, der sie gegen die kalten Winde schützt. Die Pferde können mit geschlossenen Nüstern unter Wasser fressen! Auch heute noch werden die Pferde von den »Guardians« für die Arbeit mit schwarzen Kampfstieren genutzt.

Englisches Vollblut

Größe: *150–170 cm Stockmaß*
Fellfarbe: *viele Braune und Dunkelbraune, aber auch Rappen, Füchse, Schimmel*
Herkunft: *England*
Verwendung: *Rennsport, sonstiger Reitsport*

Das Englische Vollblut wird seit ca. 300 Jahren rein gezüchtet, vornehmlich für den Rennsport. Im Englischen heißt das Vollblut »Thorougbred«, was so viel bedeutet wie »durchgezüchtet«. Und das ist es in der Tat, denn alle Vollblüter lassen sich in männlicher Linie lückenlos auf einen der drei Stammhengste zurückführen.

Die Zucht begann in England im 17. Jahrhundert mit den drei orientalischen Hengsten *Byerly Turk, Darley Arabien* und *Godolphin Arabien* oder *Godolphin Barb.* Mindestens einer davon war ein Araberhengst, bei den anderen vermutet man einen Berber und einen Achal-Tekkiner. Diese Hengste wurden mit einheimischen Pferden gekreuzt, und so entstand im Laufe der Zeit ein schmales, muskulöses Pferd mit langen Gliedmaßen, das äußerst schnell galoppieren kann. Dass Englische Vollblüter eine Geschwindigkeit von bis zu 65 km/h erreichen, ist bei Rennen keine Seltenheit.

Vollblüter sind heute auf der ganzen Welt verbreitet und am häufigsten auf Galopprennbahnen zu sehen. Angeblich sind sie eine sehr frühreife Rasse und werden oft schon mit anderthalb Jahren trainiert – ob das gesund ist, darf bezweifelt werden.

Fjordpferd

Größe: *134–148 cm Stockmaß*
Fellfarbe: *Falben in allen Schattierungen*
Herkunft: *Norwegen*
Verwendung: *Freizeitreiten, Fahrsport*

Das Fjordpferd ist von seiner Größe her ein Pony und kein Pferd. Es stammt aus den Küstengebieten Norwegens.

Das Fjordpferd ist eine alte, sehr ursprüngliche Rasse, die schon von den Wikingern gezüchtet wurde. Alle modernen, schweren Zugpferderassen Europas sollen von ihm abstammen. Selten wurde Fremdblut eingekreuzt, sodass sich die Rasse über die Jahrhunderte kaum verändert hat. Seit 1907 wird das Fjordpferd rein gezogen.

In seinem Aussehen erinnert es stark an osteuropäische und asiatische Wildpferde. Es hat falbfarbenes Fell in unterschiedlichen Schattierungen und häufig den für ursprüngliche Rassen typischen Aalstrich auf dem Rücken. Seine zweifarbige Mähne (außen silbrig, innen schwarz) wird traditionell kurz geschoren zur Stehmähne.

Vom Körperbau her ist das Fjordpferd kompakt und kräftig, an der Grenze zum Kaltblut. Heute werden vermehrt die etwas leichteren Sporttypen gezüchtet.

Der Charakter des Fjordpferdes ist ruhig und ausgeglichen, deshalb ist es ein ideales Anfängerpferd. Wie die meisten Ponyrassen sind auch Fjordpferde genügsam, robust und langlebig.

Größe: *155–165 cm Stockmaß*
Fellfarbe: *ausschließlich schwarz*
Herkunft: *Niederlande*
Verwendung: *Fahrsport, Dressur, Barockreiten*

Die »schwarzen Perlen« sind eine beeindruckende Erscheinung. Mit ihrer wallenden Mähne und dem tiefschwarzen Fell sind sie für viele ein Traumpferd.

Die Friesen stammen, wie ihr Name schon sagt, aus der Provinz Friesland in den Niederlanden. Während der Besetzung durch die Spanier im 16. und 17. Jahrhundert wurden spanische Pferde mit einheimischen schweren Schlägen gekreuzt. Heraus kam ein hervorragendes Kutschpferd mit ausgezeichnetem Trabvermögen. Daher hat der Friese auch großen Anteil an der Entstehung vieler Traberrassen.

Früher waren Friesen übrigens keineswegs nur schwarz, sondern die Hälfte aller Pferde war braun. Die strenge Selektion sorgte später dafür, dass braune Pferde nicht mehr zur Zucht zugelassen wurden.

Weitere Kennzeichen der Friesen sind das üppige Mähnen- und Schweifhaar sowie der lange Kötenbehang an den Beinen. Friesen eignen sich sowohl zum Kutschfahren als auch für die klassische Reitkunst.

Da der Rasse kein Fremdblut mehr zugeführt wurde, muss man heute den Inzucht-Faktor jedes Pferdes beachten.

Größe: *140–150 cm Stockmaß*
Fellfarbe: *Fuchs mit heller Mähne und Schweif*
Herkunft: *Südtirol*
Verwendung: *Reitpferd, Packpferd, Fahrpferd*

Das freundliche blonde Pony wurde ursprünglich auf Hochalmen gezogen und als Trag- und Zugtier verwendet. Sein Erkennungszeichen sind das fuchsfarbene Fell in allen Schattierungen und sein üppiges helles Mähnenhaar. Als Brandzeichen trägt es ein Edelweiß mit einem H in der Mitte.

Seine Herkunft lässt sich nicht zweifelsfrei klären, wahrscheinlich geht die Rasse zurück auf einen kräftigen kleinen Hengst aus Burgund. In der Mitte des 19. Jahrhunderts wurden Araber eingekreuzt, was den Anteil an orientalischem Blut im

Haflinger erklärt. Als Stammvater der offiziellen Haflingerzucht gilt der Shagya-Hengst *El Bedavi*, fast alle Haflingerhengste lassen sich auf ihn zurückführen.

Das bekannteste Haflingergestüt liegt im österreichischen Ebbs, dort werden die Haflinger auf Bergwiesen großgezogen. Die raue Umgebung sorgt dafür, dass die Tiere sehr trittsicher werden und sich ihre Muskeln und Lungen gut entwickeln. Meist werden Haflinger sehr alt.

Heute sind Haflinger vor allem als Fahrpferde sehr beliebt, aber auch als Western-, Dressur- oder Therapiepferd machen sie eine gute Figur.

Als einzige Pferderasse werden Haflinger auch in der Gebirgstragtierkompanie der Bundeswehr eingesetzt.

Größe: *130–145 cm Stockmaß*
Fellfarbe: *alle, keine Tigerschecken*
Herkunft: *Island*
Verwendung: *Reitpferd, Packpferd*

Vermutlich stammen die Isländer von Pferden norwegischer Einwanderer ab, die diese um 900 nach Island brachten. Später wurden auch keltische Ponys eingeführt, manche sind der Meinung, dass auch einige Vollblüter auf die Insel gelangten. Doch schon lange gibt es keine fremde Blutzufuhr mehr. Seit 1948 dürfen aus Angst vor Seuchen keine Pferde mehr nach Island importiert werden. Islandpferde, die ihre Heimat verlassen haben, dürfen nie mehr zurückkehren.

Das Islandpferd gehört von seiner Größe her zu den Ponys. Charakteristisch sind sein dichtes Mähnen- und Schweifhaar und im Winter ein sehr dickes Fell, mit dem es den eisigen isländischen Temperaturen trotzt.

Isländer sind genügsam, robust, unabhängig und sehr trittsicher, dazu temperamentvoll und lauffreudig. Sie gehören zu den spätreifen Rassen und sind erst mit sieben Jahren ausgewachsen. In ihrer Heimat Island werden sie ganzjährig draußen in Herden gehalten. Gezüchtet werden sie dort als Reitpferde oder auch als Fleischlieferanten.

Neben den Grundgangarten Schritt, Trab und Galopp besitzen Isländer eine Veranlagung zum Tölt und / oder Rennpass. Es gibt extra Turniere nur für Islandpferde, bei denen sie auf der Oval- und Passbahn gegeneinander antreten.

Größe: *152–165 cm Stockmaß*
Fellfarbe: *Schimmel, selten Braune, Rappen, Rotschimmel*
Herkunft: *Österreich*
Verwendung: *Hohe Schule, Dressur, Fahrsport*

Lipizzaner sind fast immer Schimmel, sie kommen schwarz oder braun zur Welt und werden später weiß. Weltweit bekannt wurde die Rasse durch die Spanische Hofreitschule in Wien, wo die Lipizzaner bis zur Hohen Schule ausgebildet werden.

Ihren Namen hat die Rasse von dem Gestüt Lipizza bei Triest, das im heutigen Slowenien liegt, früher jedoch zu Österreich gehörte.

Der Ursprung der Rasse reicht bis ins 16. Jahrhundert zurück. Gegründet wurde sie wahrscheinlich mit italienischen Stuten und spanischen Hengsten. Später wurden Kladruber, Neapolitaner und Frederiksborger eingekreuzt, außerdem der Araberhengst *Siglavy*. Das raue Bergklima in Lipizza trug dazu bei, dass die Pferde sich zu widerstandsfähigen, zähen und trittsicheren Tieren entwickelten.

Nach dem Ersten Weltkrieg wurde die Zucht ins österreichische Piber verlegt, im Zweiten Weltkrieg standen die Lipizzaner sogar vorübergehend unter dem Schutz der US-Armee, da man befürchtete, den Pferdebestand an Russland zu verlieren.

Heute werden Lipizzaner wieder in Lipizza, in Piber, außerdem bei Rom, in Bábolna in Ungarn sowie von privaten Züchtern weltweit gezüchtet.

Größe: *145–165 cm Stockmaß*
Fellfarbe: *alle, keine Schecken*
Herkunft: *USA*
Verwendung: *Westernpferd, Rennpferd, Showpferd, Freizeitpferd*

Das Quarterhorse ist die zahlenmäßig größte Rasse der Welt mit über 1,5 Millionen eingetragenen Pferden. Gleichzeitig ist sie die älteste amerikanische Rasse, deren Ursprung bis ins 17. Jahrhundert zurückreicht.

In Virginia begannen die Siedler damit, eingeführte spanische Pferde mit ihren englischen zu kreuzen. Die daraus entstandenen Tiere waren kräftig, sehr schnell und wendig.

Das Quarterhorse wurde vielseitig eingesetzt und musste sich im harten Alltag der Siedler bewähren. Es diente als Reit- und Lastpferd, wurde vor den Pflug gespannt, zog Holzstämme und lief vor der Kutsche. Außerdem half es den Cowboys beim Hüten der riesigen Rinderherden.

An den Wochenenden wurden die Pferde für ein beliebtes Hobby genutzt: kurze Rennen über die Hauptstraße des Dorfes. Die Distanz betrug meist eine Viertelmeile (Quarter Mile) daher auch der Name der Rasse. Aufgrund dieser Selektion können Quarterhorses aus dem Stand lospreschen und sind über die kurze Distanz die schnellsten Pferde der Welt. Durch die jahrhundertelange Arbeit mit Rindern sind sie mit dem berühmten »Cowsense« ausgestattet.

Heute wird das Quarterhorse vornehmlich im Westernreitsport eingesetzt.

Größe: *90–106 cm Stockmaß*
Fellfarbe: *alle, viele Schecken, Füchse, Braune, Rappen*
Herkunft: *England*
Verwendung: *Kinderreitpferd, Kutschpferd*

Das Shetlandpony ist eine sehr alte Rasse, deren Ursprünge man bis in die Bronzezeit zurückverfolgen kann. Shettys gehören zu den kleinsten Pferden der Welt. Im Verhältnis zu ihrer Größe sind sie aber außerordentlich kräftig.

Sie stammen von den rauen Shetlandinseln im Norden von England. Die Landschaft dort ist karg, baumlos und windig. Das Shetlandpony ist diesen Verhältnissen perfekt angepasst, denn durch seine gedrungene Körperstatur verliert es wenig Wärme. Im Winter wächst ihm ein zottiger Pelz, welcher aus zwei Schichten besteht: einer dichten, sehr weichen Unterwolle und einer drahtigen langen »Oberschicht«, die das Wasser abperlen lässt.

Shetlandponys sind sehr genügsam und brauchen in der Regel kein extra Kraftfutter.

Früher wurde das Shetlandpony als Arbeits- und Transportpferd eingesetzt, es schleppte Körbe mit Torf oder Seetang. Später wurde es auch als Grubenpony verwendet.

Heute wird es gern vor die Kutsche gespannt oder als Kinderreitpony genutzt. Doch man sollte sich von seinem niedlichen Aussehen nicht täuschen lassen. Shetlandponys sind sehr eigen und willensstark und tun längst nicht immer das, was ihre kleinen Reiter wollen. Sie brauchen eine konsequente Erziehung und viel Abwechslung.

Größe: *165 – 180 cm Stockmaß*
Fellfarbe: *Braune, Rappen, Schimmel, Fuchs, fast immer mit Abzeichen*
Herkunft: *England*
Verwendung: *Zugpferd, Kutschpferd*

Shire Horses sind die größten Pferde der Welt. Sie können ein Stockmaß von über zwei Metern und ein Gewicht von 1500 kg erreichen. Ihre Hufe sind so riesig, dass die Hufeisen extra angefertigt werden müssen.

Sie stammen von den schweren mittelalterlichen Turnierpferden ab, die wiederum aus nordeuropäischen Zugpferden hervorgegangen sind. Ihren Namen haben sie von ihren wichtigsten Zuchtgebieten Staffordshire, Derbyshire und Leicester in Mittelengland.

Der Shire ist extrem stark und wurde früher in der Landwirtschaft, als Zugpferd für Omnibusse oder auch als Brauereipferd eingesetzt. Heute sind seine Aufgabengebiete stark eingeschränkt. Hätten Liebhaber und Brauereien sich nicht für den Erhalt der Rasse eingesetzt, wäre sie wohl ausgestorben. Heute nutzt man die Shires für Rückearbeiten im Wald, für Werbefahrten von Brauereien, aber auch als Kutsch- oder Reitpferd.

Der Shire ist trotz seiner Größe sehr sensibel und sanftmütig, sein Spitzname lautet »Gentle Giant« – sanfter Riese.

Er sollte erst mit vier Jahren zur Arbeit herangezogen werden, vorher sind seine Knochen nicht fest verwachsen.

Größe: *135 – 160 cm Stockmaß*
Fellfarbe: *alle, selten einfarbig, fast immer Schecken*
Herkunft: *Irland und England*
Verwendung: *Freizeitpferd, Kutsch- und Zugpferd*

Ursprünglich gehörten diese Pferde zum fahrenden Volk der »Tinker« (wörtlich übersetzt: Kesselflicker; Schimpfwort für osteuropäische Zigeuner) in Irland und England. Die Zigeuner hatten eine Vorliebe für »bunte« Pferde im Gegensatz zu den höheren Klassen, die einfarbige Pferde wünschten. Jahrhundertelang wurden die Tiere ohne Zuchtbücher vermehrt; irische und englische Züchter beachteten den Tinker nicht weiter.

Dann brach um 1990 vor allem in Deutschland ein regelrechter Tinker-Boom aus und unzählige Pferde wurden aus Irland importiert. Anfang der 90er-Jahre gründete man in Deutschland das »Ursprungszuchtbuch« für Tinker. Das Erscheinungsbild des Tinkers ist vielfältig, es reicht vom schweren Typ mit deutlichem Kaltbluteinschlag über den mittelschweren Typ bis zum Ponytyp. Alle Tinker weisen üppiges Langhaar und reichlichen Behang auf.

Der Tinker ist ein kompaktes, kräftiges Pferd, das ausdauernd im Schritt und Trab laufen und oft überraschend gut galoppieren und springen kann. Daneben ist er leichtfuttrig, ausgeglichen und intelligent. Diese Eigenschaften machen ihn zu einem idealen Familienpferd.

Größe: *160–175 cm Stockmaß*
Fellfarbe: *alle, manchmal auch Schecken*
Herkunft: *Deutschland / früheres Ostpreußen*
Verwendung: *Sportpferd (Vielseitigkeit, Dressur)*

Die Rasse der Trakehner hat eine bewegte Geschichte hinter sich. Ihre Zucht begann 1732 im Gestüt Trakehnen im damaligen Ostpreußen (dem heutigen Polen). Beteiligt waren einheimische Bauernpferde (Schweiken), die mit arabischen und englischen Vollblütern veredelt wurden. Daraus entstanden elegante Reit- und Wagenpferde, die auch für die Armee gebraucht wurden. Als Stammhengst der modernen Trakehner gilt der Vollblüter *Tempelhüter*.

Das Erkennungszeichen der Rasse ist das Brandzeichen der Elchschaufel. Um die Leistungsfähigkeit der Rasse unter Beweis zu stellen, entwickelte man schon um 1900 in Trakehnen spezielle Jagdprüfungen für die Jungpferde.

Im Zweiten Weltkrieg mussten die Deutschen vor der russischen Armee flüchten und nahmen ihre besten Pferde mit. Im eisigen Winter 1944 / 45 starben viele Trakehner, nur rund 1000 Tiere konnten nach Westdeutschland gerettet werden. In den nächsten Jahrzehnten erholte sich die Zucht.

Heute sind Trakehner sehr erfolgreiche Turnierpferde, besonders geeignet für den Vielseitigkeitssport und die Dressur.

Größe: *Welsh A bis 122 cm, Welsh B und C bis 137 cm, Welsh Cob bis 155 cm Stockmaß*
Fellfarbe: *alle, keine Schecken*
Herkunft: *England*
Verwendung: *Reit- und Fahrpony*

Das Welsh Pony ist die zahlenmäßig größte und beliebteste Ponyrasse Englands. Sie stammt aus dem Hochland von Wales. Seit Jahrhunderten werden dort die Welsh Mountain Ponys im Berg- und Moorland gezüchtet. Einkreuzungen von Araberblut machten die Ponys besonders edel, trotzdem blieben sie robust und leichtfuttrig.

Aus dem Welsh Mountain Pony sind im Laufe der Zeit drei weitere Ponytypen hervorgegangen: die Welsh Ponys der Sektion B und C und die Welsh Cobs.

Allen gemein ist, dass sie gute Grundgangarten und Talent zum Springen besitzen, was sie

zu Allround-Reitponys macht. Sie haben hübsche Köpfe mit großen Augen und einen gut proportionierten Körper. Welsh Mountain Ponys werden nur bis 122 cm groß und ähneln Arabern in Miniaturformat.

Welsh B sind größer und stehen mehr im Reitponytyp.

Welsh C sind aufgrund von mehr Hackney-Blut etwas stämmiger und haben Behang an den Beinen.

Welsh Cob (dt. »Klotz« oder »Brocken«) haben einen schwereren Körperbau und sind vielseitige Reit- und Fahrpferde für die ganze Familie.

Reiten lernen

Du möchtest reiten lernen? Herzlichen Glückwunsch, damit hast du dir ein wunderschönes und abwechslungsreiches Hobby ausgesucht.

Was würde dir denn am meisten Spaß machen: das lässige, abwechslungsreiche Westernreiten? Möchtest du auf dem Pferderücken über Felder und Wiesen streifen? Oder siehst du dich mit deinem Pferd in perfekter Harmonie über den Reitplatz tanzen?

Ganz gleich, für welche Art des Reitens du dich entscheidest, die Grundlagen sind überall dieselben. Damit du das Pferd nicht in seiner Bewegung störst und es dich, ohne Schaden zu nehmen, tragen kann, brauchst du einen lockeren, zügelunabhängigen Sitz und eine ruhige Hand. Das gelingt nicht von heute auf morgen. Auch erfahrene Reiter lernen nie aus. Weil du mit einem Lebewesen zusammenarbeitest, gibt es immer wieder neue Herausforderungen, jedes Pferd ist anders. Lass dich vor allem am Anfang nicht zu schnell entmutigen, wenn etwas nicht klappt. Locker bleiben, lächeln, weiterreiten – dann wird es früher oder später funktionieren!

Reitweisen

S eit der Mensch begonnen hat, das Pferd als Reittier zu nutzen, haben sich in den verschiedenen Ländern im Laufe der Zeit unterschiedliche Reitweisen entwickelt – abhängig davon, wofür man das Pferd brauchte.

Die heute vorherrschenden Reitweisen wurden hauptsächlich durch die Kavalleriereiterei, die Reitkunst an den Königshöfen sowie durch die Arbeitsreitweise der Viehhüter beeinflusst.

Für diese unterschiedlichen Zwecke mussten die Pferde jeweils anders ausgebildet werden und spezielle Ausrüstungen tragen.

Heute unterscheidet man meist die klassische Reitweise, die englische Reitweise, das Westernreiten und das Gangpferdereiten. Es gibt aber noch viele weitere Arten zu reiten.

Man sollte stets bedenken, dass diese Reitweisen nicht grundsätzlich voneinander abweichen, sondern mehr Gemeinsamkeiten als Unterschiede aufweisen. Viel wichtiger als die strenge Befolgung eines Reitstils ist, dass das Pferd versteht, was der Reiter von ihm möchte.

Klassische Reitweise

Zentrale Elemente der Klassischen Dressur sind Leichtigkeit und Eleganz, Hilfen werden fein und kaum sichtbar gegeben. Klassische Dressur versteht sich eher als Kunstform denn als Sport. Ihre Wurzeln reichen bis in die Antike zurück. Damals entstand erstmals die Idee, das Pferd gezielt zum Reiten auszubilden und sich nicht nur einfach auf seinen Rücken zu setzen. Der Grieche Xenophon schrieb um 370 v. Chr. seine berühmte Reitlehre auf, deren Leitlinien heute noch gelten, obwohl sie sich auf die Ausbildung von Kriegspferden beziehen.

Damals war es überlebenswichtig, das Pferd sorgfältig auszubilden, damit es im Kampfge-

Zur klassischen Dressur gehört auch die »Hohe Schule«.

tümmel auf kleinste Hilfen reagierte und sich mühelos in alle Richtungen dirigieren ließ. Meist wurden die Zügel einhändig geführt, da man die andere Hand für die Waffe brauchte.

Ebenso wichtig waren Kampflektionen wie die Kapriole, bei der das Pferd nach hinten ausschlägt, oder das Steigen, um den Gegner einzuschüchtern.

All diese Lektionen bauen auf natürlichen Bewegungsabläufen des Pferdes auf, durch gezieltes Training werden sie verfeinert und jederzeit abrufbar gemacht.

Voraussetzung für diese Art des Reitens ist ein hoher Versammlungsgrad, das heißt, das

Pferd nimmt vermehrt Gewicht mit der Hinterhand auf, seine Vorhand richtet sich auf und wird leichter. Dadurch befindet es sich besser im Gleichgewicht und wird wendiger.

An den Königshöfen war Reiten eine beliebte »Kunstform«.

Um diese Versammlung zu erreichen, erfanden die Reitmeister spezielle Übungen, die sie aus der genauen Betrachtung der Anatomie des Pferdes ableiteten. Viele dieser Übungen, wie z. B. das Schulterherein, sind auch heute noch wichtiger Bestandteil der klassischen Reiterei.

Nachdem der berittene Kampf Mann gegen Mann an Bedeutung verlor, breitete sich ab dem 16. Jahrhundert die Reitkunst vor allem in Italien als Zeitvertreib für junge Adelige aus – allerdings mit oft rauen Methoden. Erst im 18. Jahrhundert setzte sich ein sanfterer Umgang mit dem Pferd durch, vor allem unter dem Einfluss des bedeutenden französischen Reitmeisters François Robichon de la Guerinière, der die Lehren Xenophons erweiterte und modifizierte.
Kompakte Pferde wie Andalusier oder Lipizzaner eignen sich besonders gut für die klassische Reitweise, da ihnen die Versammlung leichtfällt.

Heutige »Klassikreiter« sitzen entweder in einem normalen Dressursattel oder einem spanischen Sattel mit hohen Galerien. Ziel ist die Ausbildung bis zur Kandarenreife.

Die königlichen Reitschulen, z. B. in Wien, sind heute die Hüter der klassischen Reitkunst.

Englische Reitweise

In den meisten Reitschulen wird Unterricht nach der englischen Reitweise gegeben.

Die Ursprünge des Englischreitens liegen in der klassischen Reitkunst, unverkennbar sind aber starke Einflüsse der Kavalleriereiterei des 19. Jahrhunderts sowie des Jagd- und Rennreitens, das in England im gleichen Zeitraum populär wurde. Wahrscheinlich stammt daher auch der Begriff des »Englischreitens«.

Reiter der Kavallerie im Zweiten Weltkrieg

In der modernen Kavallerie und für die Jagd brauchte man schnelle Pferde mit viel Raumgriff. Wendigkeit war nicht gefragt.

In Kriegszeiten hatte man auch keine Zeit, Pferde jahrelang auf feinste Hilfen auszubilden. Mit kürzeren Steigbügeln konnten sich auch ungeübte Reiter im Sattel halten, eine straffere Zügelverbindung hielt wenig ausgebildete Pferde unter Kontrolle. Wichtig war absoluter Gehorsam.

Einige dieser Merkmale finden sich auch heute noch im Englischreiten wieder, bei-

spielsweise wird großer Wert auf Schwung und Gangverstärkung gelegt. Entsprechend werden auch längere Pferde mit schwungvollen Bewegungen gezüchtet.

Dressurreiten verlangt schwungvolle Bewegungen.

Kennzeichen der englischen Reitweise sind der beständige Zügelkontakt zum Maul und die dauernden treibenden Hilfen, damit der Schwung erhalten bleibt. Die Versammlung ist ebenfalls Ziel des Englischreitens, wird aber nicht in dem Maße wie im klassischen Reiten erreicht. Die englische Reitweise ist eine Sportreitweise und wird im Dressur-, Spring- und Vielseitigkeitsreiten praktiziert. Kritiker bemängeln, dass die Wettbewerbsfähigkeit der Pferde oft eine zu große Rolle spielt, was sich negativ auf die Ausbildung auswirkt.

Die Ausrüstung besteht aus einer Trense oder Kandare und einem englischen Sattel, entweder in der Dressur-, Vielseitigkeits- oder Springversion.

Westernreitweise

Das Westernreiten entwickelte sich in Amerika aus der Arbeitsreitweise der Cowboys. Diese wiederum wurde vom spanisch-klassischen Reitstil der Eroberer beeinflusst. Deshalb liegen diese Reitweisen gar nicht so weit auseinander. Natürlich hat es einige Anpassungen

an die besonderen Anforderungen gegeben, denn die Cowboys waren oft tagelang im Sattel unterwegs. So geht das Westernpferd generell gemütlicher, der Kopf wird tiefer gehalten. Die Gänge sind nicht besonders schwungvoll, sondern kräftesparend. Es gibt neben Schritt den Jog, einen langsamen Trab, und den Lope, einen ruhigen Galopp. Da der Cowboy oft eine Hand zum Arbeiten braucht, wird das Westernpferd einhändig durch Gewichtshilfen und »Neckreining« dirigiert. Letzteres bedeutet, dass das Pferd durch Anlegen des Zügels am Hals die Richtung wechselt.

Wie in allen Arbeitsreitweisen werden die Hilfen impulsartig gegeben. Wenn das Pferd wie gewünscht läuft, lässt man es bei durchhängendem Zügel in Ruhe, soll es etwas ändern, gibt man kurze Hilfen, die gleich wieder aufhören.

Westernreiten wirkt locker, bedarf aber ebenfalls einer guten Ausbildung.

Auch der Sitz des Reiters ist locker, alle Gangarten werden ausgesessen.

Im Westernreiten wird ein schwerer Ledersattel mit breiter Auflagefläche verwendet, die das Reitergewicht gleichmäßig auf dem Pferderücken verteilt. Als Zäumung gibt es neben der normalen Wassertrense auch Westernkandaren und gebisslose Zäumungen. Meist wird ohne Nasenriemen geritten.

Reitschule und Ausrüstung

Damit das Reitenlernen Spaß macht, solltest du dir genau überlegen, wo du deine Reitstunden nimmst, denn die Qualität von Reitschulen ist sehr unterschiedlich – sowohl was den Unterricht als auch die Schulpferde betrifft. Frage Freunde und Mitschüler, ob sie eine gute Reitschule kennen. Viele Schulen sind mittlerweile auch im Internet vertreten. Fahre vorab einmal mit einer Freundin oder deinen Eltern hin und sieh dir alles in Ruhe an.

Diese Checkliste zeigt dir, auf welche Punkte du achten solltest:

1. Der erste Eindruck

Wirkt der Hof aufgeräumt? Ein paar Strohhalme auf dem Boden sind nicht schlimm, kaputte Zäune, herumliegender Müll oder nicht weggeräumte Mistgabeln dagegen sind Minuspunkte, denn sie können gefährlich sein.

2. Pferdehaltung

Sind die Boxen geräumig, hell und sauber? Riecht es gut im Stall? Kommen die Schulpferde das ganze Jahr über täglich auf die Weide oder einen großen Auslauf? Falls die Tiere nur in der Box stehen und diese obendrein noch dunkel und schmutzig ist, solltest du dir einen anderen Stall suchen.

3. Die Pferde

Wie sehen die Schulpferde aus? Machen sie einen freundlichen, wohlgenährten und gepflegten Eindruck? Auf Pferden, die einem mit angelegten Ohren entgegengiften, die struppig und mager aussehen oder sogar Wunden oder weiße Flecken in der Sattellage haben, sollte man nicht reiten lernen!

4. Die Anlage

Hat der Stall eine Reithalle? Ein guter Außenreitplatz ist auch nicht schlecht, es wird aber immer Tage geben, vor allem im Winter, an denen die Reitstunden wegen schlechtem Wetter ausfallen müssen.

Wie sieht die Sattelkammer aus? Ist das Lederzeug ordentlich verstaut, sauber und gepflegt? Hat jedes Pferd seine eigene Trense und einen passenden Sattel?

Solche noblen Boxen gibt es nicht überall, aber hell und sauber sollte es trotzdem sein.

Ordentliche Sattelkammer, in der alles stets griffbereit liegt

Sehr effektiv, aber auch teurer ist Einzelunterricht.

5. Die Reitstunde

Erklärt der Reitlehrer seine Anweisungen verständlich? Hat er eine qualifizierte Ausbildung? (Trainer A, B oder C) Sind die Schulpferde brav und reagieren willig auf die Hilfen? Sind nicht zu viele Schüler in der Bahn? Je nach Größe der Halle sollten es nicht mehr als 8 Reitschüler sein. Werden die Reitschüler auch vor und nach dem Unterricht betreut?

Kannst du all diese Punkte positiv beantworten, bist du in der Reitschule höchstwahrscheinlich gut aufgehoben.

Manche Ställe haben auch ein Gütesiegel von der Deutschen Reiterlichen Vereinigung (FN). Das ist zwar ein Qualitätsmerkmal, allerdings sollte man die oben beschriebenen Punkte trotzdem noch mal überprüfen.

In den meisten Reitschulen wird nach der englischen Reitweise unterrichtet, es gibt aber auch spezielle Schulen, in denen man das Westernreiten oder das Reiten auf Islandpferden erlernen kann.

Bist du noch sehr jung, also unter zehn Jahren, solltest du dir lieber eine Reitschule mit Ponys suchen, sie passen von der Größe her besser zu dir.

Wie teuer Reitstunden sind, kann man nicht pauschal sagen, dafür sind die Unterschiede zwischen Stadt und Land und den einzelnen Bundesländern zu groß. Die Spanne reicht von ungefähr 10–30 Euro pro Stunde.

Das ist viel zu teuer für dich oder deine Eltern? Frage doch mal, ob du dir gegen Mithilfe im Stall Reitstunden verdienen kannst.

6. Die Ausrüstung

Für die ersten Reitstunden brauchst du noch nicht viel, aber die Ausrüstung muss trotzdem sicher sein.

Das Wichtigste ist ein passender Reithelm. Sitzt er richtig, verrutscht er nicht, wenn du kräftig mit dem Kopf nickst oder ihn schüttelst. Gleichzeitig darf er nirgends drücken, sonst bekommst du nach einer Weile Kopfschmerzen. Er besitzt eine Dreipunktbefestigung, die unter dem Kinn geschlossen wird.

Sicherheit geht vor: vollständige Ausrüstung mit Reithelm und Sicherheitsweste.

Heute gibt es eine große Auswahl an Reithelmen in verschiedenen Formen und Farben, bei der sicher auch der passende für dich dabei ist. Am besten gehst du in ein Fachgeschäft und lässt dich beraten. Einige Ställe verleihen auch Helme, aber es müssen neue Modelle sein, die sich von der Größe her verstellen lassen.

Sinnvoll ist auch eine feste Sicherheitsweste, die den Oberkörper und den Rücken vor Verletzungen schützt. In England reiten fast alle Kinder damit! Es gibt die Westen in den Klassen 1, 2 und 3, was verschiedenen Sicherheitsstandards entspricht. Auch sie müssen fachgerecht angepasst werden, sonst nützen sie nichts.

Reithosen und Reitstiefel brauchst du für die ersten Stunden noch nicht. Zunächst genügt eine gut sitzende Hose ohne dicke Nähte an der Innenseite. Die Schuhe sollten eine glatte Sohle und unbedingt einen flachen Absatz haben. Turnschuhe sind absolut ungeeignet!

Entschließt du dich, weiterzureiten, ist richtige Reitkleidung empfehlenswert, denn sie ist bequemer und sicherer. Da sie aber auch nicht ganz billig ist, hier ein Tipp: Im Internet oder in Kleinanzeigen in Zeitungen wird oft preiswerte, gut erhaltene Reitkleidung angeboten. Es gibt auch Reitsportgeschäfte mit einer Secondhand-Abteilung, auch hier kann man ein Schnäppchen erstehen.

Reithosen haben entweder einen verstärkten Besatz an den Knien oder einen Gesäßeinsatz, der über den Po reicht.

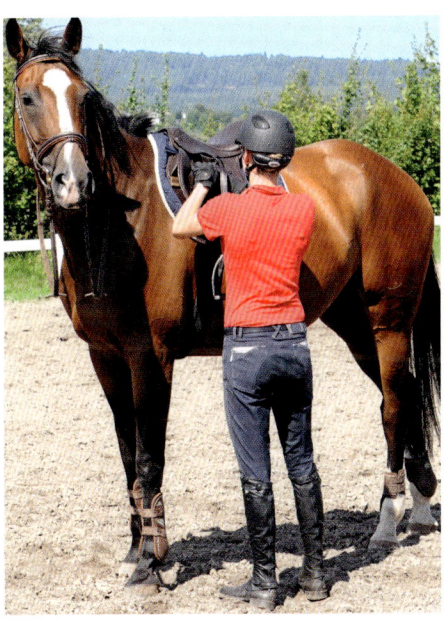

Reithose mit Gesäßeinsatz und Minichaps

Reitstiefel dürfen ruhig aus Gummi sein. Lederreitstiefel sind sehr teuer und eine Anschaffung fürs Leben. Praktisch und bequem sind auch Minichaps, die du statt Stiefeln anziehen kannst.

Extra Reitjacken sind meistens nicht nötig, du kannst auch jede andere Jacke anziehen. Sie sollte nur nicht zu lang sein, da sie dann unter den Po rutscht und den Sitz im Sattel stört.

Die erste Reitstunde

Vor der ersten Reitstunde holst du »dein« Pferd aus der Box oder von der Weide und putzt es. Ganz schön aufregend, wenn du das noch nie vorher gemacht hast! Bei deinen ersten Versuchen wird dir dein Reitlehrer oder ein erfahrener Reiter helfen.

Das Pferd begrüßen

Du solltest deinen vierbeinigen Partner immer erst begrüßen, so wie einen Freund. Sprich ihn freundlich an, bis er dir den Kopf zuwendet. Halt ihm deine Hand hin, damit er deinen Geruch erschnuppern kann, oder puste ihm nach Pferdeart sanft deinen Atem in die Nüstern. Dann streichle ihm über die Nase oder den Hals.

Aufhalftern

Damit du das Pferd führen kannst, ziehst du ihm ein Halfter über den Kopf und befestigst ein Führseil daran.

So geht's: Nach der Begrüßung streifst du dem Pferd das Halfter über die Nase und ziehst das Genickteil vorsichtig über seine Ohren. Dann

Schiebe das Halfter stets behutsam über die Pferdeohren.

schließt du den Haken unter dem Kopf – fertig! Das Führseil hakst du in den runden Ring unter dem Kinn ein.

Nun gehst du zuerst durch die Boxentür oder das Weidetor, das Pferd folgt hinterher. Lass es nie vorausgehen oder sich mit dir zusammen durch die Tür quetschen, das kann zu schlimmen Verletzungen führen.

Beim Führen soll das Pferd weder trödeln noch vorauseilen.

Führen

Oft sieht man folgende Beispiele: Das Pferd bummelt gemütlich meilenweit hinter der Führperson her, oder es eilt munter voraus, sodass der Mensch kaum hinterherkommt. Beides ist falsch. Im ersten Fall gewöhnt sich das Pferd einen trödelnden Gang an, außerdem hat der Reiter es nicht im Blick. Im zweiten Fall beachtet das Pferd den Reiter überhaupt nicht und läuft unbekümmert dorthin, wo es will.

Richtig ist es so: Fasse das Seil mit der rechten Hand etwas unterhalb des Halfters, das Ende des Seils greifst du mit der linken Hand. Wickle den Strick nie um die Hand. Falls das Pferd sich erschrickt und wegrennt, kannst du dich nicht mehr befreien.

Laufe nun auf Kopfhöhe oder leicht dahinter auf der linken Seite zügig neben dem Pferd her. Der Führstrick hängt dabei locker durch.

Ist das Pferd zu eilig oder zu langsam, übe das Führen ruhig mal auf dem Reitplatz. Dazu nimmst du in die linke Hand zusätzlich eine Gerte, die du unterhalb des Knaufs fasst.

Wird das Pferd zu schnell, hebst du als Begrenzung die Hand mit der Gerte vor die Pferdenase. Lässt es sich davon nicht beeindrucken, darfst du ihm mit dem Gertenknauf leicht auf die Nase oder vor die Brust klopfen. Zerren am Strick nützt nichts, manchmal hilft allerdings ein kurzer Ruck.

Ist der Vierbeiner zu langsam, streckst du, ohne dich umzudrehen, den Arm nach hinten und tippst ihn mit der Gerte leicht an der Hinterhand an. Beides musst du üben, damit du dich mit Seil und Gerte nicht verhedderst und das Pferd irgendwo unabsichtlich triffst.

Anbinden

Da Pferde Fluchttiere sind, ist beim Anbinden stets Vorsicht angebracht. Das Pferd sollte nur an sicheren, geschützten Plätzen und an festen Haken oder Balken angebunden werden. Achte darauf, dass Dinge wie Putzkasten, Schubkarre oder Mistgabel außer Reichweite sind. Pferde dürfen auch nicht zu dicht nebeneinander angebunden werden, sonst gibt es schnell Streit.

Binde das Pferd nur an dafür vorgesehenen Balken oder Ringen an!

Sehr gefährlich ist es, Pferde an wackligen Zäunen, morschen Türhaken oder anderen beweglichen Teilen anzubinden. Erschrickt es sich und zieht den Kopf zurück, kann es ganze Balken oder Tore herausreißen und sich verletzen.

Der Anbindering sollte sich etwa auf Schulterhöhe befinden. Ist er zu tief, kann das Pferd mit dem Bein über den Strick steigen und sich verheddern.

Gib dem angebundenen Pferd niemals etwas vom Boden zu fressen. Wenn es den Kopf hebt, kann es sich den Strick um das Genick wickeln und in Panik geraten. Letzteres kann auch bei anderen Gelegenheiten passieren, deshalb lass es nie unbeaufsichtigt, wenn es angebunden ist.

Pferde werden immer mit dem sogenannten »Panikknoten« angebunden.

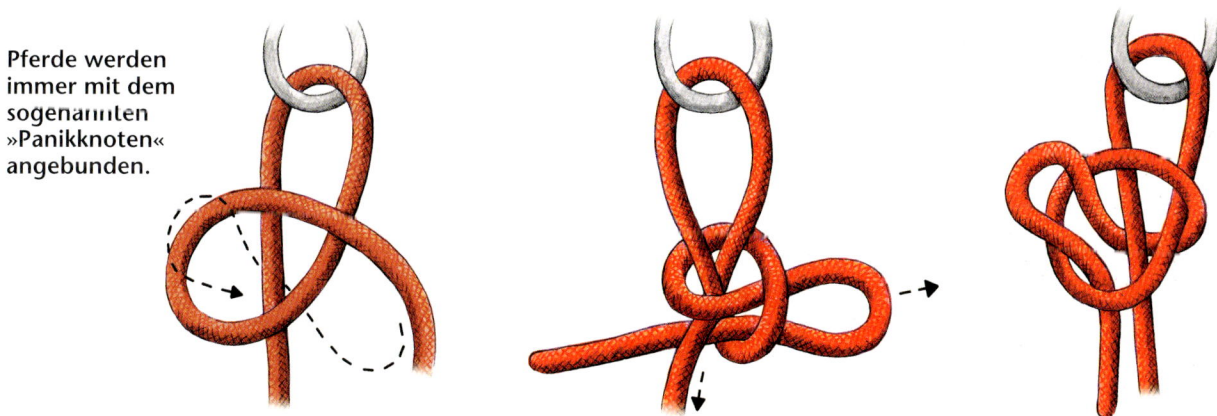

Damit du das Seil im Notfall schnell lösen kannst, wird das Pferd mit einem speziellen Knoten, dem Panikknoten, angebunden.

Das Seil darf nicht zu kurz und nicht zu lang gebunden werden. Ist es zu kurz, fühlt sich das Pferd eingeengt, ist es zu lang, kann es sich verheddern (siehe oben). Das richtige Maß ist ungefähr eine Armlänge.

Schon gewusst?

Viele Unfälle mit Pferden passieren im Stall, weil die Menschen zu unbedacht mit den Vierbeinern umgehen. Auch das bravste Pferd kann sich erschrecken, ausschlagen oder sich losreißen. Deshalb im Umgang mit Pferden immer die Augen aufhalten und beobachten, wie sie sich verhalten.

DOs und DON'Ts

- Stelle dich nie direkt hinter ein Pferd. Schlägt es aus, wirst du voll getroffen.
- Sprich ein Pferd deutlich an, wenn du dich ihm von hinten näherst, schleiche dich nicht leise an. Sonst erschrickt es und schlägt womöglich aus oder springt weg.
- Trage im Stall immer feste Schuhe; Sandalen oder Flipflops sind ungeeignet. Ein Pferdehuf kann dir sämtliche Zehen brechen.
- Bringst du ein Pferd auf die Weide oder in die Box zurück, drehe es immer erst mit dem Kopf zu dir, bevor du den Strick löst. Befreist du das Pferd im Laufen, hast du blitzschnell sein Hinterteil vor dir. Schlägt es nun aus Übermut aus, kann es dich böse treffen.
- In einer Pferdeherde auf der Weide ist Vorsicht geboten. Kommt es zu Drängeleien oder Raufereien, steckst du schnell mittendrin und wirst umgerannt. Nie Futter mitnehmen, dann gibt es garantiert Streit!

Putzen

In der Natur pflegt das Pferd sein Fell durch Wälzen, Scheuern an Bäumen oder gegenseitiges Beknabbern.

Durch die Haltung beim Menschen hat das Pferd oft weniger Möglichkeiten zur Fellpflege, deshalb muss der Mensch nachhelfen. Tägliches Putzen ist aber nur dann nötig, wenn auch täglich geritten wird. Der Hauptzweck des Putzens besteht darin, das Fell in der Sattellage von Schmutz zu befreien, damit unter dem Sattel nichts scheuert. Auch die Reinigung der Hufe ist wichtig, damit keine Steinchen drücken. Der Rest ist mehr oder weniger »Schönheitspflege«.

Richtiges Putzen wirkt wie eine Massage und stärkt die Beziehung zwischen Mensch und Pferd.

Jedes Pferd sollte sein eigenes Putzzeug haben, damit sich keine Hautkrankheiten übertragen können.

In Fachgeschäften gibt es eine unendliche Anzahl an Bürsten, Kämmen, Schwämmen und Pflegemitteln für die Vierbeiner. Hier lernst du die wichtigsten kennen.

Striegel (aus Gummi oder Kunststoff): Mit dem Striegel wird in kreisenden Bewegungen der Schmutz im Fell gelockert. Positiver Nebeneffekt ist eine Massage der Muskulatur. Beginne

am Hals und arbeite dich bis zur Kruppe vor. Viele Pferde haben Lieblingsstellen, an denen sie gern kräftig geschrubbt werden, weil es dort juckt. Versuche, diese herauszufinden.

Farblich aufeinander abgestimmte Putzutensilien. Besser wäre allerdings eine Kardätsche mit Naturhaaren.

Der Striegel darf nicht am Kopf und an den Beinen benutzt werden, da hier keine Muskeln die Knochen schützen.

Kardätsche: eine weiche Bürste. Achte darauf, dass die Borsten aus Naturhaar sind, sie nehmen den Staub besser auf.

Mit der Kardätsche fährst du nach dem Striegeln in langen Strichen in Wuchsrichtung des Fells über den Pferdekörper, beginnend wieder am Hals. Nach jedem zweiten Strich streifst du die Kardätsche am Striegel ab, um sie vom Staub zu befreien. Abschließend den Striegel auf dem Boden ausklopfen.

Mit der Kardätsche kannst du auch die empfindlichen Beine und den Kopf reinigen.

Wurzelbürste: Sie dient dazu, groben Schmutz aus dem Fell zu bürsten oder Mähne und Schweif zu kämmen. Sei beim Kämmen vorsichtig, greife zuerst eine Strähne oben und entwirre das Ende, bevor du sie ganz durchkämmst. Du kannst die Mähne auch mit einem Mähnenkamm oder einer Mähnenbürste pflegen.

Manche entwirren die einzelnen Haare auch per Hand, das nennt man »verlesen«.

Hufkratzer (am besten mit Bürste): Beginne mit dem Hufauskratzen am linken Vorderbein. Greife mit der linken Hand nach der Fessel und sage »Huf« oder »Fuß«, je nachdem, welches Kommando das Pferd kennt. Meist hebt der Vierbeiner nun bereitwillig sein Bein. Kratze den Huf von oben nach unten mit dem Haken aus, befreie ihn sorgfältig von Steinchen und Erde und bürste dann die Hufsohle sauber.

Vor jeder Reitstunde sollten die Hufe gesäubert und kontrolliert werden.

Bei den Hinterhufen verfährst du genauso, hier kannst du auch das Bein auf deinem Oberschenkel abstützen.

Hast du anfangs Respekt vor dem Hufauskratzen, bitte ruhig jemanden um Hilfe. Es braucht etwas Übung, bis man die richtigen Griffe beherrscht und keine Angst mehr vor den Pferdebeinen hat.

Nach dem Reiten werden die Hufe nochmals ausgekratzt.

Zusätzliche Pflegemittel wie Huffett oder Huföl sind in der Regel nicht nötig. Hufteer sollte man gar nicht benutzen; er dichtet die Hufunterseite ab, sodass sich dort Bakterien vermehren können.

Pflege im Sommer

Hat das Pferd in einer anstrengenden Reitstunde geschwitzt, kannst du es nach dem Abkühlen bei warmem Wetter abduschen. Beginne an den Beinen und arbeite dich langsam nach oben vor. Spritze dem Pferd kein Wasser ins Gesicht oder in die Ohren! Anschließend wird das Wasser mit einem Schweißmesser aus dem Fell gezogen. Das Pferd danach nicht im Zug stehen lassen, es könnte sich erkälten.

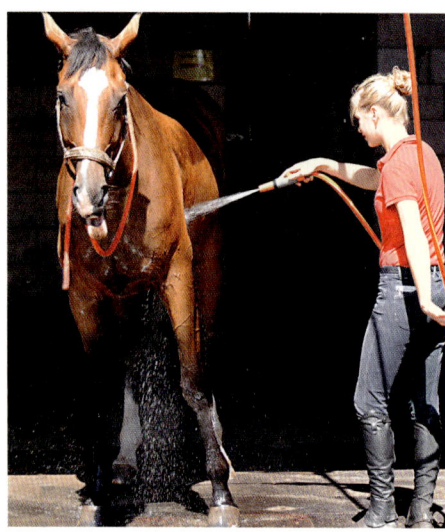

An warmen Tagen ist eine kleine Dusche sehr erfrischend!

Ab und zu kannst du auch Fell, Mähne und Schweif mit einem speziellen Pferdeshampoo waschen. Dies sollte man nicht zu oft machen, da dabei der schützende Fettfilm zerstört wird.

Pflege im Winter

Zum Reinigen von dickem Winterfell ist ein Federstriegel sehr praktisch, mit ihm lassen sich Matschflecken mühelos herausbürsten.

Schwitzt das Pferd im Winter, solltest du es gut trocken reiten und danach eventuell noch eine Abschwitzdecke auflegen.

In manchen Ställen gibt es auch ein Solarium zum Trocknen.

Profireiter scheren ihre Pferde im Winter oder legen ihnen frühzeitig eine Decke auf, damit ihnen kein dickes Fell wächst. Das ist aber nur sinnvoll, wenn das Pferd regelmäßig viel trainiert wird.

Eindecken reduziert das Winterfell.

Satteln und Trensen

Anfangs erscheinen dir die ganzen Lederriemen und Schnallen an Trense und Sattel wahrscheinlich verwirrend, aber mit etwas Übung hast du bald den Durchblick und kannst dein Pferd allein für die Reitstunde fertig machen.

Als Anfänger oder auch schon fortgeschrittener Reiter wirst du mit einem einfach oder doppelt gebrochenen Trensengebiss (siehe Abb. S.69) reiten. »Gebrochen« heißt, dass es ein bzw. zwei Gelenke in der Mitte hat. Dadurch kannst du einseitige Zügelhilfen geben, was bei einer Stange nicht möglich ist.

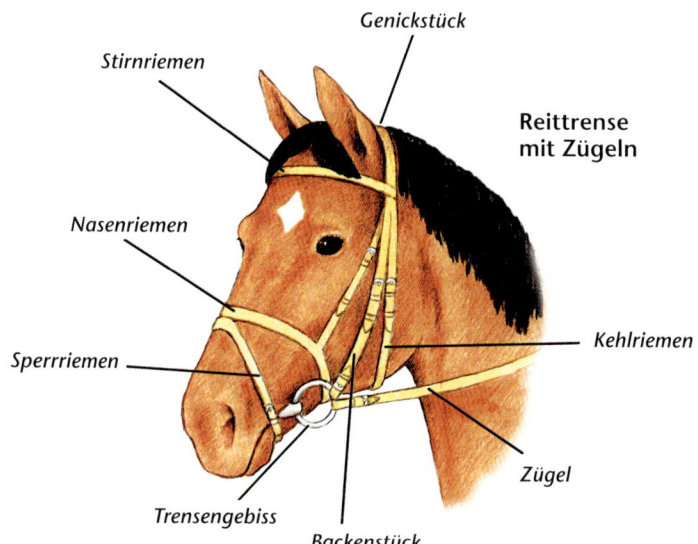

Genickstück
Stirnriemen
Reittrense mit Zügeln
Nasenriemen
Kehlriemen
Sperrriemen
Zügel
Trensengebiss
Backenstück

Schon gewusst?

Der lederne Riemen um das Maul dient einmal zur Stützung des Unterkiefers, damit das Pferd diesen trotz beständigem Zügelkontakt entspannen kann. Außerdem überträgt das Reithalfter, zumindest das Hannover'sche, einen Teil des Gebissdrucks auf das Nasenbein.

Leider verschleiert das Reithalfter auch schlechtes Reiten. Es verhindert nämlich, dass das Pferd sein Maul aufsperrt, um heftigem Zügelzug auszuweichen.

Nasen- und Sperrriemen dürfen nie zu tief oder zu eng geschnallt werden, sonst bekommt das Pferd schlecht Luft und kann außerdem nicht mehr entspannt auf dem Gebiss kauen.

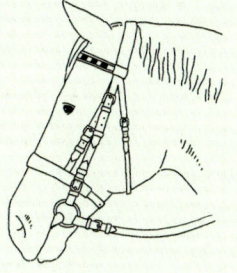

Kombiniertes Reithalfter

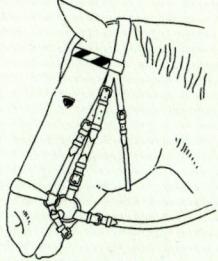

Hannover'sches Reithalfter

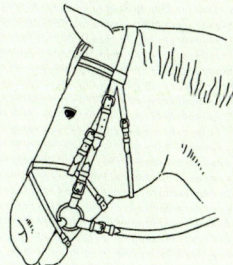

Mexikanisches Reithalfter

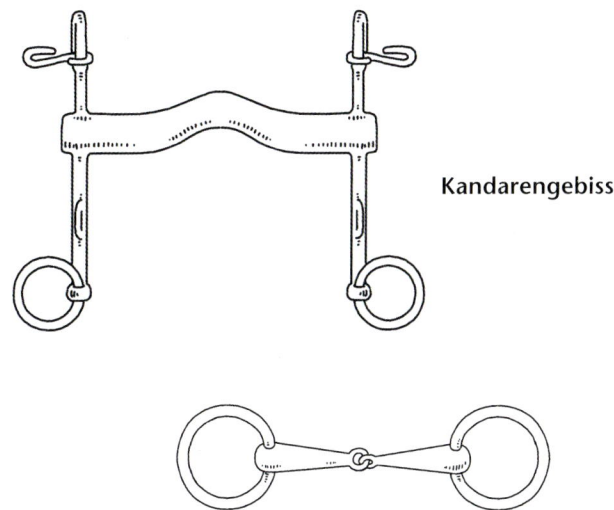

Kandarengebiss

Trensengebiss

Eine Kandare (siehe Abb. oben) besteht aus einer durchgehenden Stange mit Anzügen, die durch Hebelwirkung einen stärkeren Druck auf Maul und Genick ausübt. Sie ist nur für sehr erfahrene Reiter geeignet.

Gebisslose Zäumungen wie Sidepull oder Bosal bedürfen ebenfalls einer feinen Handhabung, denn sie können der Pferdenase Schmerzen zufügen. In Profihänden eignen sich gebisslose Zäumungen besonders zum Anreiten junger Pferde oder für die Korrektur von Pferden, die durch grobe Einwirkungen Angst vor der Trense entwickelt haben.

Bosal

Passt das Gebiss?

Ein dickes Gebiss wirkt grundsätzlich weicher, da die Auflagefläche auf Kieferlade und Zunge größer ist. Zu dick sollte es aber gerade für ein kleines Maul nicht sein, das ist für das Pferd unangenehm.

Das Gebiss muss der Breite des Pferdemauls entsprechen. Ziehst du es gerade, sollte es rechts und links ungefähr einen halben Zentimeter breiter sein als das Maul. In der Höhe ist es richtig verschnallt, wenn es jeweils zwei kleine Falten im Maulwinkel wirft.

Hier liegt das Gebiss richtig im Maul.

Der Sattel

Ein Sattel sollte aus gutem Leder und solide verarbeitet sein. Mit Schnäppchen tust du dem Pferd keinen Gefallen! Wichtig ist die spezielle Anpassung auf das jeweilige Pferd durch einen Fachmann. Keinesfalls darf ein Sattel einfach auf gut Glück aus der Zeitung oder im Versandhandel bestellt werden. Ein gebrauchter Sattel sollte von einem Sattler überprüft und neu gepolstert werden.

Zum Schutz des Leders vor Schweiß und Schmutz wird eine Satteldecke unter den Sattel gelegt. Diese kann aus Baumwolle, aus Schaffell oder aus modernen Funktionsstoffen bestehen. Synthetik ist ungeeignet, da es keinen Schweiß aufsaugt.

Der Westernsattel wird mit einem dicken Pad gepolstert.

Passt der Sattel?

Diese Frage muss immer ein Fachmann beantworten. Es schadet aber nicht, wenn du weißt, worauf man achten sollte.

- Der Satteltest wird immer ohne oder nur mit dünner Sattelunterlage gemacht.
- Der Sattel sollte fachmännisch gepolstert sein und gleichmäßig auf dem Pferderücken aufliegen.
- Die Sattelkammer muss ausreichend breit und hoch sein und darf nirgends auf die Wirbelsäule drücken. Die Kammer sollte ca. 3–4 Finger breit sein und zum Widerrist etwa drei Finger Abstand haben.
- Das Sattelblatt darf nicht zu weit nach vorn reichen, sonst schränkt es die Bewegungsfreiheit der Schulter ein.

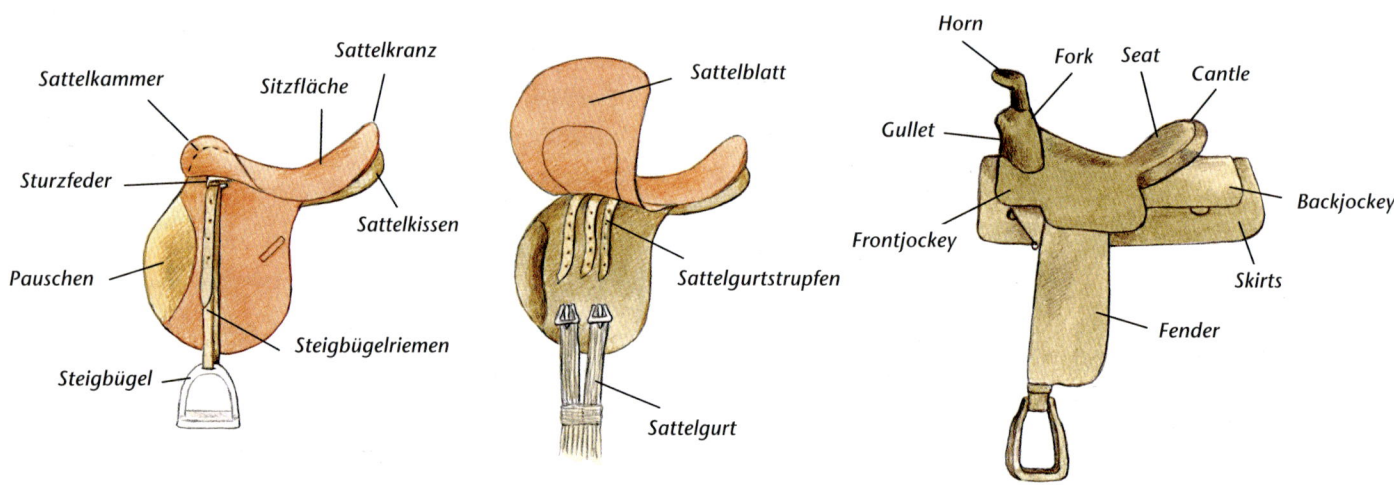

Englischer Sattel

Westernsattel

- Der Sattel darf nicht zu lang sein, damit er nicht auf die Lenden drückt (nicht über die letzte Rippe hinaus!). Vorsicht bei Westernsätteln!
- Der Sattel muss im Schwerpunkt liegen. Der tiefste Punkt befindet sich in der Mitte der Sitzfläche.
- Der Sattel sollte nicht wippen, wenn man ihn vorn oder hinten hinunterdrückt.
- Und last, but not least: Das Pferd sollte sich mit dem Sattel genauso locker wie ohne ihn bewegen!

Einen schlecht sitzenden Sattel kann man nicht, wie oft versucht, mit diversen Sattelunterlagen korrigieren. Auf Dauer verursacht er Verspannungen und im schlimmsten Fall Satteldruck (aufgescheuerte Haut). Dann ist erst mal Sattelverbot. Einen alten Satteldruck erkennst du an weißen Haaren, die an diesen Stellen nachwachsen.

Am Putzplatz wird das Pferd zuerst gesattelt, danach getrenst. So kann es nicht weglaufen.

Satteln

So trägst du den Sattel richtig: Schiebe den linken Arm tief in die Sattelkammer, dann kannst du mit der rechten Hand noch das Zaumzeug greifen. Die Steigbügel sollten hochgeschoben

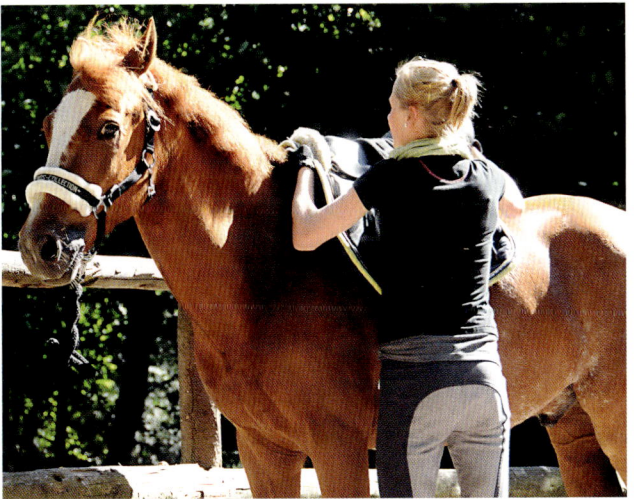

sein, der Sattelgurt liegt über dem Sattel. So kann dir nichts gegen die Beine schlagen oder dich zum Stolpern bringen.

1. Lege den Sattel mit der Satteldecke vorsichtig weiter vorn auf den Widerrist. Die Satteldecke sollte glatt, ohne Falten, liegen. Ziehe die Satteldecke vorne hoch in die Sattelkammer. So bleibt die Wirbelsäule des Pferdes frei.

2. Schiebe den Sattel nun ein Stück nach hinten, bis er an der tiefsten Stelle des Rückens liegt. Als Faustregel gilt, dass der Sattelgurt etwa eine Handbreit hinter dem Vorderbein verlaufen soll.

3. Lasse den Sattelgurt nach unten gleiten, ohne dass er gegen die Pferdebeine schlägt. Ziehe ihn zunächst nur locker an, das ist für das Pferd angenehmer. Ist es ein paar Minuten im Schritt geführt worden, kannst du nachgurten, damit der Sattel beim Aufsteigen nicht verrutscht.

Absatteln

1. Schiebe die Steigbügel hoch.
2. Öffne den Sattelgurt und lege ihn über den Sattel.
3. Hebe den Sattel zusammen mit der Satteldecke vom Pferderücken.

Trensen

1. Lege den Zügel über den Pferdehals, halte die Trense mit der linken Hand fest und streife mit der rechten das Halfter ab.

2. Nimm danach die Trense in die rechte Hand und lege den rechten Arm um die Pferdenase.

3. Mit der linken Hand schiebst du das Gebiss sanft in das Pferdemaul. Möchte das Pferd sein Maul nicht öffnen schiebe den linken Daumen in die Maulspalte. Keine Angst, es hat dort keine Zähne. Das Pferd wird das Maul nun öffnen, und du kannst das Gebiss hineinschieben.

4. Der rechte Arm hält die Trense am Genickriemen hoch. Die linke Hand hilft, zuerst das rechte, dann das linke Ohr unter dem Genickriemen durchzuschieben. Hole danach die Schopfhaare unter dem Stirnriemen hervor.

6. Zum Schluss verschnallst du den Nasenriemen des Reithalfters. Auch er darf nicht stramm sitzen, zwei Finger sollten Platz darunter haben.

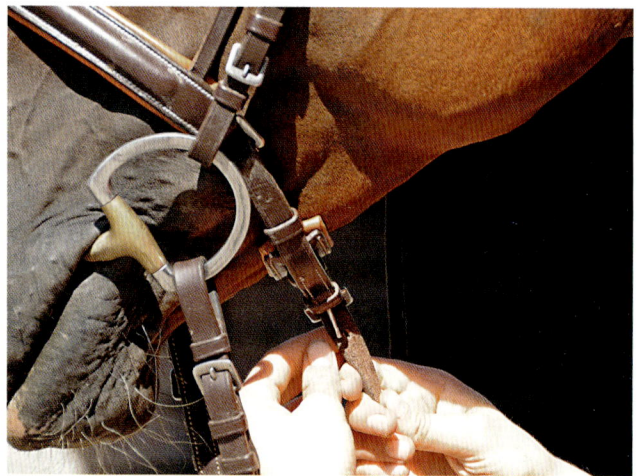

Abtrensen

1. Öffne den Kehlriemen und den Nasenriemen.

2. Ziehe das Genickstück vorsichtig über die Ohren und lass das Gebiss aus dem Maul gleiten. Lass die Trense nicht plötzlich fallen, sodass dem Pferd das Gebiss gegen die Zähne schlägt. Das tut ihm weh.

3. Ziehe dem Pferd das Halfter an und nimm erst danach die Zügel vom Pferdehals. So kann dir der Vierbeiner nicht entwischen.

5. Nun kannst du den Kehlriemen zuschnallen. Er sollte so locker sitzen, dass eine Handbreit Platz zwischen Kopf und Riemen ist.

Auf- und Absteigen

Zu Beginn der Reitstunde stellen sich die Reiter mit ihren Pferden zum Aufsitzen nebeneinander in die Mitte der Reitbahn. Auch wenn du allein reitest, solltest du beim Aufsitzen immer genug Abstand zu den anderen Reitern halten, mindestens 2,5 m.

Schonender für den Pferderücken und einfacher für den Reiter ist das Aufsteigen mit einem Aufstiegshocker.

So geht's:

1. Ziehe die Steigbügel herunter. Die richtige Bügellänge ermittelst du so: Halte die Fingerspitzen des ausgestreckten rechten Arms oben an den Steigbügelriemen ❶. Die Länge ist richtig, wenn der Steigbügel bis in deine Achselhöhle reicht. Ist der Riemen zu lang oder zu kurz, ändere seine Länge – auf beiden Seiten um die gleiche Anzahl der Löcher. Prüfe dann noch, ob der Gurt fest genug angezogen ist.

2. Platziere den Hocker links neben dem Pferd auf Höhe des Steigbügels.

3. Stelle dich auf den Hocker, drehe dich Richtung Pferdekopf. Die linke Hand greift die Zügel und in die Sattelkammer, die rechte findet Halt oberhalb des rechten Sattelblatts ❷.

4. Schiebe den linken Fuß von vorne in den Steigbügel und drehe ihn Richtung Pferdekopf. Federe mit dem rechten Bein ab und schwinge es über die Kruppe ❸. Stütze dich am Sattel ab und lass dich sanft in den Sitz gleiten. Zum Schluss nimmst du mit dem anderen Fuß den Steigbügel auf und greifst die Zügel mit beiden Händen.

Achte darauf, dem Pferd nicht die linke Fußspitze in die Rippe zu bohren oder das rechte Bein gegen die Kruppe zu schlagen. Das Pferd sollte beim Aufsteigen ruhig stehen bleiben. Tut es das nicht, muss es jemand festhalten.

Absitzen

1. Nimm beide Füße aus den Steigbügeln.
2. Schwing das rechte Bein über die Kruppe und lass dich auf den Boden gleiten. Federe die Landung in den Knien ab. Halte die Zügel dabei mit der linken Hand fest.

Absitzen will gelernt sein!

Der richtige Sitz

Ein aufrechter, lockerer Sitz ist die Grundlage für gutes Reiten. Sitzt du schief oder krumm auf dem Pferd, wird der Vierbeiner deine Hilfen nicht gut verstehen, außerdem ist es anstrengender für ihn, dich zu tragen.

Am Anfang ist es schwierig, alles richtig zu machen. Reiten heißt Bewegung, und für den Reiter bedeutet dies, sein Gleichgewicht ständig neu an die Bewegungen des Pferdes anzupassen. Dazu kommt, dass jeder Mensch von seinem Körperbau etwas andere Voraussetzungen hat. Der eine hat kurze Beine, der andere einen langen Oberkörper, ein dritter ein Hohlkreuz – den *perfekten* Sitz gibt es daher nicht.

Nimm dir am Anfang immer nur eine Sache vor, die du richtig machen willst (z. B. die Beine lang herunterhängen lassen), bevor du die nächste übst.

Das Wichtigste ist, locker in der Bewegung mitzuschwingen. Merkst du, dass du dich ver-

krampfst, mach eine kurze Pause, atme tief durch und schüttele Beine und Arme aus.

So sieht der korrekte Grundsitz aus (er ist übrigens in allen Reitstilen gleich):

Setze dich gerade und aufrecht in den Sattel, dein Gewicht sollte gleichmäßig auf beiden Gesäßknochen ruhen.

Tipp: Du spürst diese Knochen, wenn du die Hände unter den Po schiebst.

Die Schultern sind leicht zurückgenommen und hängen locker herunter. Falle nicht ins Hohlkreuz. Die Arme hängen ebenfalls locker herunter, die Ellbogen sind angewinkelt und liegen leicht am Körper an. Die Hände trägst du aufgestellt vor deinem Bauch.

Der Kopf wird normal getragen, schaue also weder nach unten noch recke das Kinn nach oben.

Die Beine sind leicht einwärts gedreht, sodass die Knie am Sattel anliegen und die Waden leichten Kontakt mit dem Pferdebauch haben. Das Bein hängt ohne Anspannung herunter, dadurch ist die Ferse automatisch der tiefste Punkt.

Von der Seite betrachtet, sollte man eine gerade Linie durch deine Schulter, deine Hüfte und deinen Absatz ziehen können.

Auch mit kürzeren Steigbügeln solltest du gerade und aufrecht sitzen.

Die richtige Zügelhaltung

Sei dir bewusst, dass du über die Zügel und das Gebiss direkt auf die empfindliche Zunge und die Kieferlade des Pferdes einwirkst – Vorsicht ist also angesagt! Zerren an den Zügeln ist tabu, Zügelhilfen sind nur ein Spielen der Finger (so als wenn du in der Hand einen Schwamm ausdrückst) oder ein Eindrehen der Hand, mehr nicht.

Halte die Zügel immer mit Gefühl!

Deine Unterarme bilden die Verlängerung der Zügel in gerade Linie. Deine Hände stehen aufrecht eine Handbreit nebeneinander. Der Zügel läuft zwischen kleinem Finger und Ringfinger hindurch und wird oben mit dem Daumendach gehalten. Balle die Hände nicht zu Fäusten, sondern halte sie leicht geschlossen, als hättest du etwas Zerbrechliches in der Hand.

Die Hilfen

Sicher hast du das Wort schon einmal gehört. Mit den Hilfen gibt der Reiter dem Pferd zu verstehen, was es als Nächstes tun soll. Sie sind quasi die (Körper-)Sprache zwischen Reiter und Pferd. Und wie jede andere Sprache auch muss man sie erst lernen. Anfangs wird es öfter Missverständnisse geben, weil du die Hilfen ungenau gibst, und das Pferd nicht versteht, was du von ihm willst.

Welche Hilfen gibt es? Man unterscheidet zwischen Gewichts-, Schenkel- und Zügelhilfen. Am wichtigsten sind die ersten beiden, denn mit ihnen kannst du das Pferd vorantreiben. Der Zügel dagegen lenkt und bremst – und das sollte er nie zu stark.

Gewichtshilfen

Das Pferd bemüht sich stets, mit dem Reiter im Gleichgewicht zu sein, d. h. es bewegt sich mit seinem Schwerpunkt unter den Schwerpunkt des Reiters. Verlagerst du dein Gewicht beispielsweise auf den linken Gesäßknochen, wird das Pferd sich in diese Richtung bewegen, um wieder unter dem Schwerpunkt zu sein.

Das nennt man auch eine einseitige Gewichtshilfe. Willst du beispielsweise den inneren Gesäßknochen mehr belasten, hänge dich nicht nach innen, sondern trete den inneren Bügel etwas stärker aus.

Es gibt auch beidseitige Gewichtshilfen. Dabei setzt du dich aufrecht und tief in den Sattel und spannst die Bauchmuskeln an, als wolltest du einen Hocker nach vorn kippen. Das Pferd tritt dann mit den Hinterbeinen weiter unter, um wieder im Gleichgewicht zu sein.

Schenkelhilfen

Mithilfe deiner Beine (genauer: der Innenseite der Wade) sagst du dem Pferd, ob es schneller, zur Seite oder um eine Kurve gehen soll. Die Schenkelhilfen unterstützen und ergänzen die Gewichtshilfen. Man unterscheidet zwischen treibenden, vorwärts-seitwärts treibenden und verwahrenden Schenkelhilfen.

Wichtig: Das Bein bei den Schenkelhilfen nie hochziehen und die Hacken in den Pferdebauch bohren. Die Ferse bleibt stets tief, das Bein wird nur aus der Hüfte heraus etwas weiter vor oder zurück bewegt und liegt leicht an oder gibt kurze Druckimpulse mit der Wade.

Permanentes Drücken lässt das Pferd nämlich abstumpfen.

Zum Treiben oder Biegen liegt der Schenkel am Gurt und gibt Druckimpulse. Damit zeigst du dem Pferd, dass es entweder fleißiger vorwärtsgehen oder sich zu einer Seite um den Schenkel biegen soll.

Treibender Schenkel am Gurt

Der verwahrende Schenkel liegt etwa eine Handbreit hinter dem Gurt leicht am Pferdebauch an und verhindert, dass das Pferd mit der Hinterhand nach außen ausweicht, beispielsweise auf dem Zirkel.

Verwahrender Schenkel hinter dem Gurt

Den vorwärts-seitwärts treibenden Schenkel brauchst du erst als fortgeschrittener Reiter. Das Bein liegt dabei leicht hinter dem Gurt und drückt dort impulsartig, damit das Pferd sich vorwärts und seitwärts bewegt.

Schon gewusst?

Wenn dein Schulpferd nicht auf Hilfen reagiert, hat das oft zwei Gründe: Zum einen sind viele Schulpferde durch unruhige Anfängerhände und klopfende Schenkel etwas abgestumpft, zum anderen gibst du als Anfänger oft noch nicht die richtigen Kommandos, sodass dein Pferd dich gar nicht verstehen kann! Ratschläge wie: »Jetzt hau ihm mal mit der Gerte eins drüber« solltest du ignorieren und lieber die Reitschule wechseln. Versuche besser, auch Schulpferde mit möglichst feinen (fein heißt nicht zaghaft) und vor allem korrekten Hilfen zu reiten.

Zügelhilfen

Leute, die wenig Ahnung vom Reiten haben, glauben meist, dass man ein Pferd allein mit den Zügeln lenkt – weit gefehlt. Das funktioniert immer nur in Verbindung mit den beiden vorher beschriebenen Hilfen! Arbeitet der Reiter ständig zu stark mit den Zügeln, kann es sein, dass das Pferd anfängt, ungleichmäßig zu laufen oder sogar zu lahmen.

Im Grunde zeigst du dem Pferd mit den Zügeln nur, in welche Richtung es den Kopf bewegen soll, und fängst behutsam das Tempo auf, wenn du langsamer werden willst. Fortgeschrittene Reiter kontrollieren mit dem Zügel auch die Kopfhaltung (»Beizäumung«). Wichtige Grundsätze für die Zügelhilfen:

• Nie rückwärts an den Zügeln ziehen! Das passiert leider oft automatisch. Lass die Hände immer in der Grundposition, sie dürfen sich nur leicht vor oder zur Seite bewegen, nie nach hinten. Sind die Zügel zu lang, verkürzt du sie, indem du sie etwas weiter vorn nachgreifst.

Zügelhilfen sollten immer leicht sein, meist sind sie nur ein Spielen der Finger.

Beim »Annehmen«, was später für die Paraden wichtig ist, schließt du lediglich die Finger (»Schwammausdrücken«) oder drehst die Faust leicht ein.

• Auf eine annehmende Zügelhilfe folgt immer eine nachgebende. Sonst arten Zügelhilfen schnell in Zügelzerren aus. Beim Nachgeben öffnest du die Faust oder gehst leicht mit der Hand vor. Die Zügel sollten aber nicht schlackern, sondern eine weiche Verbindung zum Pferdemaul beibehalten.

Künstliche Hilfsmittel

Neben den natürlichen Hilfen gibt es auch noch künstliche Hilfsmittel wie Sporen oder

Gerte und Sporen dürfen immer nur kurz und gezielt eingesetzt werden.

Gerte. Sie unterstützen Schenkel- und Gewichtshilfen und sind, richtig angewendet, durchaus sinnvoll. Für Anfänger sind sie allerdings nicht geeignet, denn Voraussetzung dafür ist, Hände und Beine in jeder Gangart absolut ruhig halten zu können.

Weitere Hilfsmittel

Eine tolle Hilfe ist auch deine Stimme. Reden mit tiefer Stimme wirkt beruhigend, ein kurzes Schnalzen weckt das Pferd auf. Einzelne Lektionen kannst du mit einem gesprochenen Kommando unterstützen, beispielsweise »Zurück« beim Rückwärtsrichten oder »Halt« beim Anhalten. Achtung: In Dressurprüfungen sind Stimmkommandos verboten. Wirkungslos ist auch ständiges Vor-sich-hin-Reden mit dem Pferd, da es dann nicht mehr unterscheiden kann, was wichtig und unwichtig ist.

Anreiten und Halten

Nun weißt du theoretisch, was du mit deinem Gewicht, deinen Beinen und Händen tun kannst, um dich mit dem Pferd zu verständigen. Die beschriebenen Hilfen werden immer miteinander kombiniert, erst dann versteht das Pferd genau, was du von ihm möchtest. Nimmst du beispielsweise nur einen Zügel an, weiß das Pferd nicht, ob es abbiegen oder sich nur im Hals stellen soll. Das musst du ihm mit Gewichts- und Schenkelhilfen verdeutlichen. Dieses Zusammenspiel der Hilfen ist nicht ganz einfach, weil du mehrere Sachen (fast) gleichzeitig machen musst. Hier die vereinfachten Hilfen für die ersten Lektionen.

Anreiten

Das ist ziemlich einfach. Du drückst beide Schenkel gleichmäßig kurz an den Pferdebauch, gleichzeitig gibst du mit den Zügeln leicht nach, damit das Pferd losgehen kann.

Willst du den Schritt beschleunigen, treibst du abwechselnd rechts und links mit den Schenkeln. Lass die Beinen kurz locker hängen, dann merkst du, wie sie von allein abwechselnd an den hin und her schwingenden Pferdebauch pendeln.

Aber aufgepasst: Treibe nicht die ganze Zeit, sondern nur, wenn das Pferd wirklich schneller gehen soll. Höre dann wieder auf. Sonst achtet das Pferd irgendwann nicht mehr auf die Hilfe, weil sie nichts Besonderes bedeutet.

Anhalten oder langsamer werden

Setze dich schwer in den Sattel, atme aus und nimm vorsichtig die Zügel so weit an, bis das Pferd entweder langsamer wird oder steht. Als

Anreiten: Hand leicht vor, Schenkel am Gurt

zusätzliche Hilfe kannst du mit tiefer Stimme »Steh!« oder »Halt!« sagen. Reagiert es nicht gleich, ziehe nicht einfach weiter, sondern gib kurz nach und nimm die Zügel erneut an.

Reiten im Schritt, Trab, Galopp

Anfangs wirst du an der Longe reiten, um ein Gefühl für die Pferdebewegungen zu bekommen. Hier zeigen wir dir, wie du im Schritt, Trab und Galopp richtig im Sattel sitzt.

Schritt

Der Schritt ist eine ruhige Gangart im Viertakt ohne Schwebephase. Die meisten Anfänger haben hier kaum Schwierigkeiten.

Sitze aufrecht und locker im Sattel. Dein Becken senkt sich im Schrittrhythmus des Pferdes abwechselnd leicht nach rechts und links. Lass deine Muskeln locker und versuche, diese kreisende Bewegung mitzumachen. Auch deine Beine pendeln leicht, ohne Druck, im Rhythmus gegen den Pferdebauch.

Im Schritt nickt das Pferd taktmäßig mit dem Kopf. Erfühle die Bewegung und folge ihr nach, indem du mit den Händen im Takt leicht vorgehst.

Beginnt das Pferd, im Schritt zu trödeln, drücke die Schenkel abwechselnd etwas kräftiger an, bis das Pferd an Tempo zulegt. Dann genügt wieder ein leichter Kontakt zum Pferdebauch.

Trab

Die Hilfen zum Antraben sind ähnlich denen zum Anreiten im Schritt. Du drückst beide Schenkel an und gibst die Zügel nach, damit das Pferd antraben kann. Sofort hört der Druck deiner Schenkel auf. Reagiert das Pferd nicht, wiederhole das Ganze mit etwas stärkerem Druck.

Der Trab ist eine schwungvolle Bewegung mit Schwebephase. Als Anfänger wirst du bei deinen ersten Trabversuchen ordentlich durchgerüttelt werden, denn der Pferderücken bewegt sich hier viel stärker als im Schritt. Um den Rücken von Pferd und Reiter zu schonen,

An der Longe kannst du dich ganz auf die Pferdebewegungen konzentrieren.

lernst du zuerst das Leichttraben. Dabei hebst du deinen Po jeden zweiten Trabtritt aus dem Sattel. Später wirst du den Trab auch »aussitzen« können, das heißt, du bleibst die ganze Zeit im Sattel sitzen und schwingst in der Bewegung mit.

Leichttraben

Versuche zu spüren, wann die Bewegung dich im Sattel nach oben wirft. Jetzt federst du aus Knie- und Fußgelenk hoch und hebst deinen Po leicht aus dem Sattel – nicht mehr als ein paar Zentimeter. Dann sitzt du sofort weich wieder ein.

Finde den Rhythmus: 1-2-1-2. Deine Knie liegen dabei am Sattel an, klammern aber nicht. Die Unterschenkel sollten ruhig und lang bleiben und nicht vor und zurück schlackern. Dein Oberkörper darf sich beim Aufstehen leicht nach vorne neigen.

Tipp: Stelle dir vor, beim Leichttraben verschwänden plötzlich die Steigbügel und das Pferd unter dir. Deine Haltung sollte so ausbalanciert sein, dass du sicher auf den Füßen landest.

Leichttraben entlastet den Pferderücken.

Aussitzen

Wenn du mit dem Leichttraben keine Probleme mehr hast, versuche einmal, nach dem Antraben ein paar Tritte im Sattel sitzen zu bleiben und erst danach mit dem Leichttraben anzufangen. Oder du übst abwechselnd ein paar Tritte aussitzen und trabst dann wieder leicht. Wichtig ist, dass du locker in der Bewegung mitschwingst. Spürst du, dass du dich verkrampfst oder aus dem Takt kommst, trabe wieder leicht oder pariere in den Schritt durch. Dann versuchst du es erneut für ein paar Tritte. Klammere dich nicht mit den Oberschenkeln oder Knien fest, damit hebelst du dich aus dem Sattel. Die Beine hängen locker herunter, die Bewegung des Pferderückens federt durch Hüft-, Knie- und Fußgelenke. Achte auch auf die Haltung deines restlichen Körpers: Du sitzt aufrecht und locker im Grundsitz, die Hände hältst du still, da der Pferdekopf sich im Trab nicht bewegt.

Einen schwungvollen Trab auszusitzen, erfordert viel Übung.

Galopp

Angaloppiert wird meist aus dem Trab. Du nimmst den inneren Zügel leicht an, schiebst die innere Hüfte vor, legst das äußere Bein eine Handbreit hinter den Gurt und gibst mit dem inneren Bein einen kurzen Druckimpuls. Wenn das Pferd nun anspringt, gib gleichzeitig mit dem inneren Zügel nach, um den Galoppsprung »herauszulassen«.

Der Galopp ist eine schaukelnde Bewegung, die angenehmer zu sitzen ist als der Trab. Wichtig dabei ist, dass dein unterer Rücken locker ist und die auf- und abführenden Wippbewegungen mitmacht. Der Galopp fühlt sich ein bisschen so an, als würde dein Pferd einen kleinen Hügel hinab- und dann wieder hinaufgehen. Du folgst der Abwärtsbewegung, indem du den Oberkörper leicht zurücknimmst (nicht ins Hohlkreuz fallen!), die Beine öffnest und die Oberschenkel nach unten gleiten lässt. Beim »Bergaufgehen« bringt dich das Pferd automatisch wieder in die gerade Position.

Richtiger Galopp?

In der Reitbahn reitet man rechts herum im Rechtsgalopp, links herum im Linksgalopp. So kann das Pferd besser sein Gleichgewicht halten. Wie erkennst du, ob das Pferd richtig galoppiert? Schiele auf die innere Pferdeschulter, sie greift weiter vor. Ebenso spürst du, dass deine innere Hüfte mehr nach vorn gezogen wird.

Ein ähnliches Gefühl wie auf dem Schaukelpferd: der Galopp

Sitzschulung an der Longe

Du solltest unbedingt einige Stunden Einzelunterricht an der Longe bekommen, bevor du zum ersten Mal in einer »richtigen« Reitstunde mitreitest.

Das Reiten an der Longe hat viele Vorteile:

- Du musst dich nicht darum kümmern, wohin das Pferd läuft, und hast anfangs auch keine Zügel in der Hand. Du kannst dich also ganz auf deinen Sitz konzentrieren.
- Dein Reitlehrer hat dich genau im Blick und kann dich immer wieder korrigieren. In einer Reitstunde mit mehreren Schülern wird er nur ab und zu zu dir gucken können.
- Longenpferde sind meist brave Tiere mit gleichmäßigen Bewegungen. Deshalb wirst du dich schnell in sie einfühlen können.

Übrigens: Die jungen Reiter an der bekannten Hofreitschule in Wien reiten ein ganzes Jahr ausschließlich an der Longe und bekommen dadurch einen perfekten, lockeren Sitz!

Übungen für die Sitzschulung

- Nimm die Füße aus den Steigbügeln und schlage diese über Kreuz vor den Sattel. Deine Beine werden nun automatisch länger herunterhängen und du sitzt tiefer im Sattel. Du kannst zusätzlich die Fußspitzen kreisen lassen, das lockert die Fußgelenke.

Reite zunächst im Schritt, wenn du dich sicherer fühlst, kannst du auch kurze Trab- und Galoppversuche machen.

- Das Pferd steht. Beuge dich mit dem Oberkörper weit nach vorne über den Hals, richte dich wieder auf und lege dich dann vorsichtig und lang-

sam nach hinten auf die Kruppe. Die Beine bleiben unverändert am Gurt. Schließe im Sattel die Augen. So kannst du dich noch besser auf die Bewegungen des Pferdes konzentrieren.

- Strecke einen Arm zur Seite und reite ein Stück »fast freihändig«. Wechsle danach den Arm. Fühlst du dich dann sicherer, strecke beide Arme gleichzeitig zur Seite. So richten sich Oberkörper und Schultern automatisch auf und du sitzt tiefer im Sattel.

- Greife mit der rechten Hand an deine linke Fußspitze. Dabei sollten die Beine nicht vor- oder zurückbewegt werden. Danach mit der linken Hand zur rechten Fußspitze bücken.
- Schon schwieriger: Nimm die Füße aus den Bügeln und bewege im Schrittrhythmus abwechselnd die Oberschenkel zur Seite / nach oben – danach wirst du das Gefühl haben, tiefer im Sattel zu sitzen.

- Strecke einen Arm über den Kopf gerade nach oben und halte ihn dort eine halbe Zirkelrunde. Danach den Arm wechseln. Das kannst du auch

im Trab und Galopp probieren. Die Übung lockert den unteren Rücken und die Hüfte.

• Strecke deine Arme zur Seite und drehe deinen Oberkörper nach rechts und links, dein Becken bleibt dabei gerade und ruhig. Das schult die Beweglichkeit des Oberkörpers für Wendungen.

Reiten in der Abteilung

Hast du an der Longe einen halbwegs sicheren Sitz und die Handhabung der Zügel erlernt, wirst du als nächsten Schritt in der Abteilung mitreiten. Dabei läuft ein Pferd voraus (an der sogenannten »Tête«) und die anderen folgen ihm. Gemeinsam reitet man verschiedene Bahnfiguren. Diese sollte zumindest der Reiter an der Tête schon gut beherrschen. Das Abteilungsreiten ist eine Zwischenstufe zum alleinigen Reiten. Der Vorteil dabei ist, dass jedes Pferd seinem Vordermann folgt; so muss der Anfänger noch nicht ganz allein steuern und lernt in Ruhe die Bahnfiguren kennen. Außerdem muss er nicht auf andere Reiter achten, die ihm entgegenkommen oder ihn überholen. Es kann hilfreich sein, die Mitreiter zu beobachten und aus ihren Fehlern oder positiven Beispielen zu lernen. Mit kleinen Einzelaufgaben werden die Reiter dann allmählich auf das selbstständige Reiten vorbereitet.

In der Abteilung lernst du verschiedene Bahnfiguren kennen.

Die Gruppen in der Abteilung sollten nicht größer als 5–6 Reiter sein, sonst kann der Reitlehrer sich nicht mehr ausreichend um jeden Schüler kümmern.

Der Vorteil, das Hintereinanderherlaufen, ist aber auch gleichzeitig der Nachteil des Abteilungsreitens. Du lernst nicht, das Pferd wirklich selbstständig zu steuern, und weißt nie, ob es jetzt auf dich reagiert, auf die Stimme des Reitlehrers horcht oder einfach das tut, was das Vorderpferd macht. Eine Reitschule, die ausschließlich diese Unterrichtsform anbietet, ist deshalb nicht zu empfehlen.

Worauf du beim Abteilungsreiten unbedingt achten solltest:

- Halte immer eine Pferdelänge Abstand zum Vordermann, nie hinten »aufreiten«. Das Vorderpferd könnte ausschlagen.
- Bemühe dich, die Bahnfiguren korrekt zu reiten. Viele Schulpferde wollen abkürzen und drängeln nach innen.
- Versuche, die Hilfen zum Antraben, Angaloppieren etc. richtig zu geben, auch wenn dein Pferd wahrscheinlich von selbst die Gangart wechselt, wenn die anderen es tun.

Paraden, Wendungen und Übergänge

Bisher kennst du die vereinfachten Hilfen fürs schneller und langsamer Werden. Willst du ein Pferd jedoch geschmeidig von einer Gangart in die nächste dirigieren (Übergänge reiten) oder es auf eine neue Lektion vorbereiten, musst du Paraden beherrschen. Vielleicht hast du diesen Begriff schon einmal gehört. Er hat nichts mit Umzügen oder Musik zu tun, vielmehr versteht man darunter eine Kombination aller Reiterhilfen, die das Pferd besser ausbalancieren. So verhindert man, dass das Pferd beim Langsamerwerden oder Halten sein Gleichgewicht verliert und auf die Vorhand fällt.

Eine ganze Parade führt zum Halten. Deine Reitlehrerin zeigt dir die richtigen Hilfen dafür.

Paraden sind die wichtigste Einwirkungsform des Reiters.

Paraden

Das kurzfristige, fast gleichzeitige Zusammenspiel aller Reiterhilfen nennt man Paraden. Sie veranlassen das Pferd, seine Hinterbeine weiter unter seinen Schwerpunkt zu schieben und sich gleichzeitig vorne etwas aufzurichten. So ist das Pferd geschlossener und besser im Gleichgewicht.

Es gibt ganze und halbe Paraden. Sie unterscheiden sich nicht in der Ausführung, sondern in der Wirkung. Mit einer halben Parade machst du ein Pferd auf eine neue Übung oder Gangart aufmerksam oder verringerst das Tempo. Eine ganze Parade besteht aus mehreren halben Paraden. Sie versammeln das Pferd so weit, bis es anhält.

Eine Parade richtig zu geben, ist ziemlich schwierig und braucht viel Übung. Lass dich nicht entmutigen, wenn es anfangs nicht klappt.

So geht's: Willst du eine halbe Parade geben, setze dich aufrecht und tief in den Sattel und

Tiefes Einsitzen und Schenkeldruck veranlassen das Pferd zum vermehrten Untertreten.

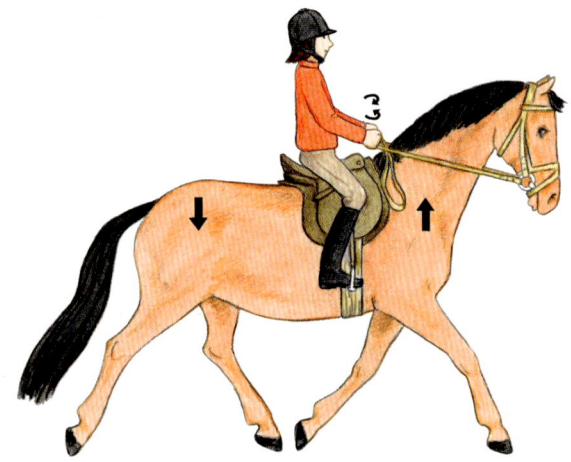

Nimm leicht die Zügel an. Das Pferd richtet sich vorne weiter auf und wird langsamer.

Gib sofort wieder mit dem Zügel nach.

spanne deine Bauchmuskeln an (manche sagen auch »Kreuz anspannen«). Deine Schenkel drücken gleichmäßig an den Pferdebauch und aktivieren die Hinterbeine, damit sie weiter vorschwingen. Jetzt nimmst du die Zügel leicht an, indem du die Finger schließt oder die Faust leicht eindrehst. Du reitest quasi »gegen die Hand«, fängst also vorne den Schwung von hinten ab. Dadurch richtet sich das Pferd auf und verlagert mehr Gewicht auf die Hinterhand. Jetzt erfolgt sofort das Nachgeben der Zügel, also ein Öffnen der Faust.

Merke: Zuerst kommt immer das Vorwärtstreiben, erst dann folgt die Zügelhilfe. Eine Parade ist niemals bloßes Am-Zügel-Ziehen!

Eine Wendung reiten

Willst du z. B. nach links abwenden, schaust du in diese Richtung und drehst auch den Oberkörper leicht nach links. Dadurch verlagert sich automatisch dein Gewicht nach innen. Dein linker Schenkel liegt mit leichtem Druck am Gurt, der rechte wird eine Handbreit hinter den Gurt gelegt und verhindert, dass die Hinterhand des Pferdes ausschert. Den inneren linken Zügel nimmst du kurz an und

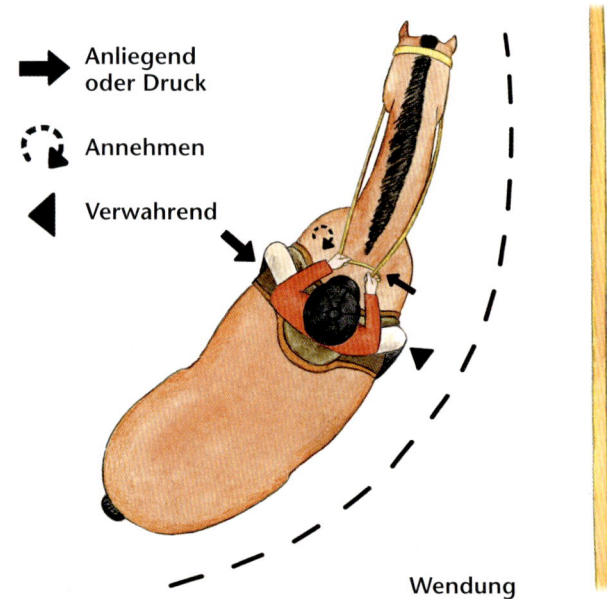

➤ Anliegend oder Druck

↺ Annehmen

◀ Verwahrend

Wendung

gibst wieder nach, um das Pferd nach innen zu stellen – nie versuchen, das Pferd damit herumzuziehen. Deine rechte Hand geht leicht vor, der äußere Zügel hängt aber nicht durch. Er begrenzt vielmehr die Pferdeschulter und führt das Pferd wie an einem Zaun entlang nach innen. Für eine Wendung ist der äußere Zügel stets wichtiger, auch wenn dies zunächst gegen dein Gefühl ist. Rechts herum sind die Hilfen genau andersherum.

Wendungen reitest du sehr oft, in jeder Ecke der Reitbahn, auf dem Zirkel, in einer Volte oder in Schlangenlinien – das Prinzip ist immer das Gleiche.

Bahnfiguren

Bahnfiguren sind festgelegte, meist gebogene Wege in der Reitbahn. Sie dienen dazu, das Pferd geschmeidig und locker zu machen und seine Aufmerksamkeit auf die Hilfen des Reiters zu lenken. Du lernst, auch in Biegun-

gen und bei Richtungswechseln im Gleichgewicht zu sitzen und das Pferd zu lenken.

Bahnfiguren bringen Abwechslung in die Reitstunde. Stures Geradeausreiten auf dem Hufschlag ist nicht nur für den Reiter, sondern auch für das Pferd langweilig und verführt es zum Schlurfen. Das sind die wichtigsten Figuren (zur besseren Orientierung in der Reitbahn befinden sich an mehreren Punkten Buchstabenmarkierungen). Versuche, sie immer korrekt zu reiten. Pferde kürzen gern Ecken ab oder laufen »eckige« Kurven, weil die Biegung anfangs unbequem für sie ist.

❶ Durch die ganze Bahn wechseln (a), durch die halbe Bahn wechseln (b), durch die Länge der Bahn wechseln (c) , aus der Ecke kehrt (d)

❷ Zirkel (e), aus dem Zirkel wechseln (f), durch den Zirkel wechseln (g), Volte (h)

❸ Schlangenlinien (einfach (i), doppelt (j), dreifach durch die ganze Bahn (k))

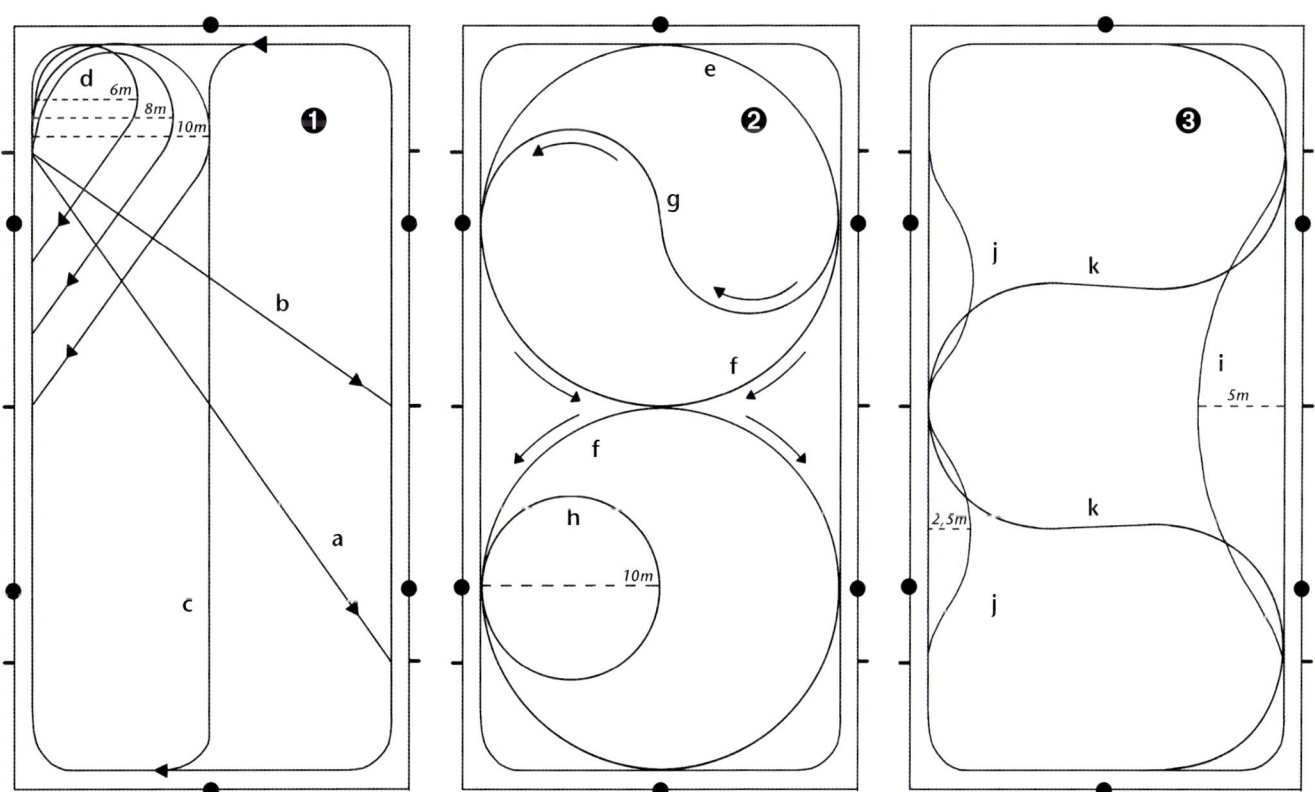

Schon gewusst?

Reitest du rechts herum, nennt man das in der Reitersprache »rechte Hand«, links herum »linke Hand«. Ein Richtungswechsel ist ein »Handwechsel«.

Bahnregeln

Arbeitet ihr selbstständig mit euren Pferden, müsst ihr folgende Regeln berücksichtigen, damit es keine Zusammenstöße gibt:

- Steige stets in der Mitte der Bahn auf und ab.
- Reitest du Schritt, während andere traben oder galoppieren, mache den Hufschlag frei und reite auf dem zweiten Hufschlag.
- Reitest du links herum, hast du Vorfahrt, der Reiter auf der rechten Hand muss auf den zweiten Hufschlag ausweichen.
- Reitest du ganze Bahn, hast du Vorfahrt gegenüber anderen Bahnfiguren wie Zirkel oder Schlangenlinien.

Reiten für Fortgeschrittene

Nun sitzt du auch im Trab und Galopp sicher im Sattel. Deine Hände und Schenkel kannst du einigermaßen ruhig halten und einfache Bahnfiguren gelingen dir schon recht gut. Prima!

Natürlich ist weiterhin regelmäßiger Unterricht wichtig. Dein Reitlehrer sieht Fehler sofort und kann dir sagen, warum etwas nicht klappt und wie du es besser machen kannst. Er weiß auch, welche Übungen für dich und dein Pferd richtig sind.

Du bist jetzt aber so weit, dass du z. B. ein Pflegepferd auch ab und zu allein in der Bahn reiten kannst.

Ohne Reitlehrer fühlst du dich verloren? Hier findest du eine Merkliste mit den wichtigsten Trainingsregeln:

- Überlege dir vorher, was du in der Stunde üben willst, und reite nicht einfach planlos drauflos.
- Nach einer Aufwärmphase zum Lockern folgt die Arbeitsphase. Hier übst du Lektionen, die das Pferd stärker versammeln und fordern. Überlege dir zwei bis drei Übungen und reite nicht »von allem ein bisschen«, das führt meist zu nichts.
- Habt ihr Schwierigkeiten mit einer Übung, wiederhole sie nicht zig-fach, sondern frage beim nächsten Mal deinen Reitlehrer um Rat und übe zunächst etwas Einfacheres.
- Lass dein Pferd nach einer Lektionsübung immer wieder mal eine Runde am langen Zügel verschnaufen.
- Lobe dein Pferd sofort, wenn es etwas richtig macht. Beschließe jede Stunde mit einer

Wenn du alleine reitest, solltest du ein paar Trainingsgrundlagen kennen.

Übung, die dein Pferd gut beherrscht, und lobe es ausführlich. So bleibt es motiviert.

- Zum Abkühlen und Beruhigen reite nach Abschluss des Trainings noch zehn Minuten Schritt am langen Zügel. Du kannst auch eine Runde ins Gelände gehen oder einen Spaziergang mit deinem Pferd machen.

Aufwärmen

Hast du vor der Reitstunde Gymnastik gemacht, bist du prima aufgewärmt – dein Pferd allerdings noch nicht. Vor allem wenn es in der Box stand, braucht es eine Weile, bis seine Gelenke genug »Schmiere« produziert haben und beweglich geworden sind.

Die wichtigste Regel: Zu Beginn des Reitens immer 10–15 Minuten Schritt reiten.

Das tust du am langen Zügel, damit das Pferd Kopf und Hals strecken kann. Reite große Bögen wie Zirkel oder einfache Schlangenlinien, dabei immer wieder die Hand wechseln.

Beim Aufwärmen darf das Pferd seinen Kopf strecken; es sollte aber trotzdem fleißig laufen.

Ziel des Aufwärmens ist es, dass das Pferd locker wird und seine Hinterbeine aktiv arbeiten. Das erreicht man vor allem durch Reiten von großen Biegungen und Seitwärtsgängen. In einer Biegung, z. B. auf dem Zirkel, muss das Pferd sein inneres Hinterbein automatisch vermehrt untersetzen. Gleiches gilt für das Schen-

kelweichen und das Schulterherein, wobei Letzteres eine Lektion für geübte Reiter ist.

- Reiten auf dem Zirkel: Das Pferd ist leicht nach innen gestellt, der innere Schenkel liegt am Gurt, der äußere verwahrend eine Handbreit hinter dem Gurt. Dein Oberkörper folgt der Bewegungsrichtung: Stell dir vor, du hättest Augen auf der Brust, mit denen du in Bewegungsrichtung guckst. Dann drehst du deinen Oberkörper automatisch richtig.

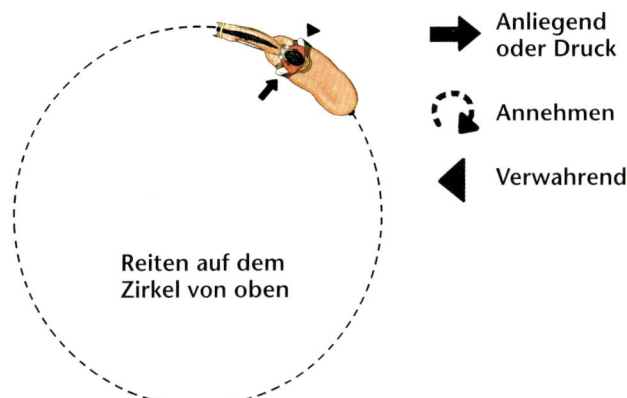

Anliegend oder Druck

Annehmen

Verwahrend

Reiten auf dem Zirkel von oben

- Schenkelweichen: Das Pferd bleibt dabei gerade und ist nur leicht gegen die Bewegungsrichtung gestellt. Ein Beinpaar tritt vorwärts, das andere seitwärts.

Am einfachsten ist das Schenkelweichen mit Blick zur Bande, der Pferdekörper ist dabei im 45°-Winkel abgestellt.

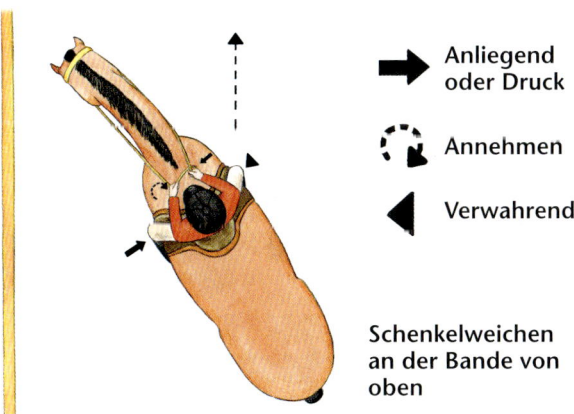

Anliegend oder Druck

Annehmen

Verwahrend

Schenkelweichen an der Bande von oben

Tipp: Wie findest du die richtige Abstellung? Reite von der Mitte der kurzen Seite gerade zum Zirkelpunkt, dann habt ihr die richtige Ausgangsposition.

So funktionieren die Hilfen beim Schenkelweichen nach rechts (Pferd weicht dem linken Schenkel): Verlagere das Gewicht ganz leicht nach links. Der linke Schenkel treibt hinter dem Gurt vorwärts-seitwärts, während der rechte ebenfalls hinter dem Gurt verwahrend anliegt.

Mit dem linken Zügel stellst du das Pferd leicht nach links, der rechte fängt die Vorwärtsbewegung ab und begrenzt die Schulter.

Das Pferd könnte den Hals noch etwas mehr fallen lassen, damit sich der Rücken stärker aufwölbt.

Übe das Schenkelweichen immer nur für ein paar Tritte, dann reitest du weiter geradeaus.

Reite diese Übungen zuerst im Schritt. Im Verlauf des Aufwärmens trabst du an und reitest große Bögen im Leichttraben (z. B. Zirkel, aus dem Zirkel wechseln). Lass die Zügel dabei weiterhin lang genug, damit das Pferd die Nase tief nehmen kann. Der Vierbeiner sollte fleißig vorwärtsgehen, aber nicht rennen. Auch hier alle paar Minuten die Hand wechseln.

Manche Pferde werden auch durch ein paar Zirkelrunden im Galopp schön locker.

Nach ungefähr 20 Minuten sind die meisten Pferde gut aufgewärmt. Nun kannst du in der Arbeitsphase etwas schwierigere Lektionen üben. Falls du einen Hilfszügel benutzt, schnallst du ihn nun ein. So bleibt das Pferd an den Hilfen, auch wenn deine Zügelanlehnung noch nicht so sicher ist. Wie du sie richtig verschnallst, erfährst du unter Hilfszügel.

Arbeiten

Die Arbeitsphase dauert ebenfalls ca. 20 Minuten. Jetzt darfst du auch engere Biegungen wie z. B. Volten reiten, auf denen das Pferd noch stärker untertreten muss.

- Zirkel verkleinern im Trab (aussitzen): Verkleinere den Zirkel schneckenförmig bis zur Volte, dann lässt du das Pferd durch Druck des inneren Schenkels vorwärts-seitwärts wieder nach außen treten.

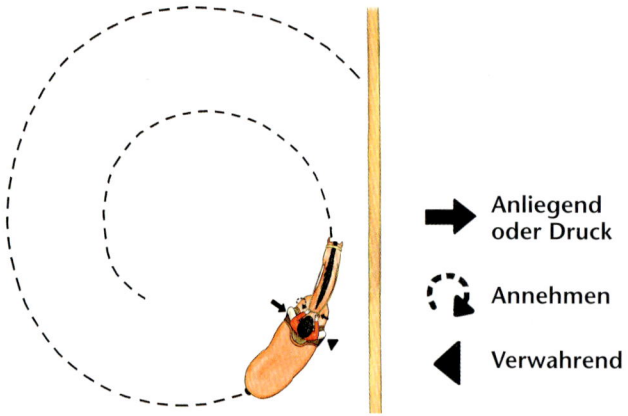

Das Pferd sollte bei dieser Übung gleichmäßig gebogen bleiben und nicht nach innen drängeln bzw. über die Schulter nach außen ausweichen.

Denke daran, das Pferd nicht am inneren Zügel nach innen zu ziehen! Biege es mit Gewicht und Schenkeln: innere Hüfte vor, innerer Schenkel am Gurt, äußerer verwahrend hinter dem Gurt. Der innere Zügel wird leicht verkürzt und gibt impulsartig die Stellung vor, der äußere wirkt verwahrend und dirigiert das Pferd nach innen.

- Volten im Trab, dabei aussitzen.
  Übung: ganze Bahn, Volten jeweils am Mittelpunkt der kurzen und langen Seite

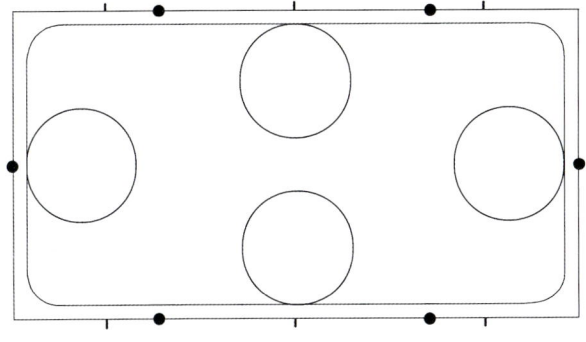

Volten

- Übergänge Schritt-Trab-Schritt: Das Pferd sollte flüssig antraben, ohne den Kopf hochzureißen: Druck mit beiden Schenkeln, Bauch anspannen. Danach mit einer halben Parade weich zum Schritt durchparieren.
  Übung: Zirkel, alle 10–15 m antraben und nach einigen Metern wieder zum Schritt durchparieren.
- Übergänge Trab-Galopp: Wie oben, hier genügt ein Wechsel nach einer halben Zirkelrunde.

Trab-Galopp-Übergänge auf dem Zirkel machen das Pferd locker und geschmeidig.

- Tempo zulegen / verkürzen im Trab: Reite nicht ständig ein Tempo, sondern lass dein Pferd zwischendurch frischer vorwärtsgehen, bevor du es mit halben Paraden wieder zurücknimmst. Zulegen heißt nicht losrennen lassen! Reite am besten zuerst eine Volte, damit das Pferd stärker untertritt, dann treibst du es einige Schritte stärker vorwärts und gibst gleichzeitig mit den Zügeln leicht nach, ohne sie wegzuwerfen.
- Rückwärtsrichten: Fasse beide Zügel etwas kürzer. Beidseitiger Schenkeldruck wie beim Anreiten, doch die Zügel geben nicht nach, sondern bleiben »wie eine Wand« stehen, sodass das Pferd nur zurückgehen kann. Sofort gibst du mit den Zügeln nach. Manche entlasten beim Rückwärtsgehen den Pferderücken, indem sie sich minimal nach vorn lehnen. Nie das Pferd an den Zügeln rückwärts ziehen, erlaubt ist nur ein Eindrehen der Fäuste, sollte das Pferd nicht reagieren.
- Vorhandwendung: Dabei tritt das Pferd Schritt für Schritt mit den Hinterbeinen auf einem Halbkreis um seine Vorderbeine herum, bis es in die andere Richtung gewendet ist. Die VW ist eine gute Vorbereitung auf die Seitengänge, man kann sie aus dem Halten oder Schritt heraus reiten.
  Das sind die Hilfen für die VW nach links: Halte auf dem zweiten Hufschlag an der Bande. Stelle das Pferd leicht nach rechts und fasse den rechten Zügel etwas kürzer. Verlagere auch dein Gewicht nach rechts.

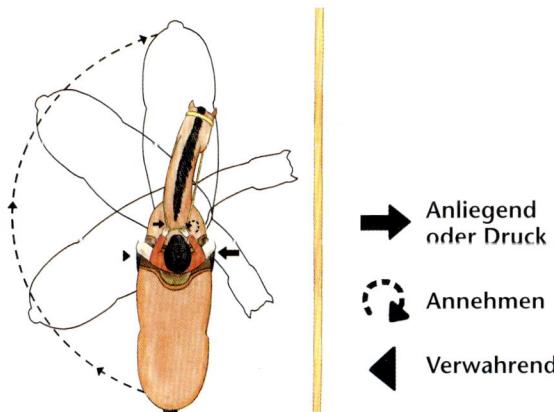

Anliegend oder Druck

Annehmen

Verwahrend

Nun treibst du mit dem rechten Schenkel hinter dem Gurt, der linke liegt begrenzend ebenfalls hinter dem Gurt. Der äußere Zügel hindert das Pferd am Vortreten. Mache die Übung langsam Schritt für Schritt.

Was heißt »am Zügel«?

Manche meinen, wenn das Pferd die Nase senkt und den Hals aufwölbt, wäre das ein Zeichen für gutes Reiten. Das ist nur teilweise richtig. Sehr oft sieht man, dass viel zu viel mit den Händen »gearbeitet« wird, um die Nase des Pferdes nach unten zu bekommen. Der Rücken ist dabei jedoch im Hohlkreuz und die Hinterhand zackelt hinterher. Das hat überhaupt nichts mit »am Zügel gehen« zu tun und ist obendrein schädlich für das Pferd.

Solche falschen Kopfhaltungen sieht man leider häufig.

Damit ein Pferd korrekt am Zügel geht, sind die vortreibenden Schenkel- und Gewichtshilfen viel wichtiger als die Zügelhilfen. Das Pferd wird quasi von hinten, über die aktive Hinterhand und den aufgewölbten Rücken, an den anstehenden Zügel herangeritten, an dem es sich abstößt. Dabei senkt es fast automatisch die Nase, wobei die Stirn-Nasenlinie stets vor der Senkrechten bleiben sollte. In höheren Lektionen ist das Pferd so weit versammelt, dass das Genick den höchsten Punkt bildet. Die Zügelverbindung ist immer fein, das Pferd reagiert willig auf alle Hilfen. So läuft das Pferd in Anlehnung oder »am Zügel«.

Auch Lektionen wie die Piaffe können am durchhängenden Zügel geritten werden.

Bis du dieses Ziel erreichst, sind einige Übung und Erfahrung notwendig. Hast du jedoch einmal erlebt, wie es sich anfühlt, wenn ein Pferd korrekt am Zügel geht, wird dir das Reiten plötzlich ganz anders erscheinen: leichter, feiner, bequemer. Ein lohnendes Ziel!

Hilfszügel

Es gibt viele Arten von Hilfszügeln, deren gemeinsamer Zweck es ist, die Kopfhaltung des Pferdes zu kontrollieren bzw. eine bestimmte Kopfhaltung vorzugeben. Wie oben beschrieben, ist es aber nicht möglich, das Pferd allein über die Kopfhaltung an die Hilfen zu stellen. Hilfszügel dürfen deshalb, wenn überhaupt, nur sehr sparsam eingesetzt werden.

Ausnahmen sind der Anfängerunterricht und das Longieren des Pferdes. In beiden Fällen können vom Reiter keine korrekten Zügelhilfen gegeben werden, hier soll der Hilfszügel »einspringen«.

Ausbinder dürfen nicht zu eng verschnallt werden.

Im Anfängerunterricht ist es hilfreich, wenn die Pferde nach der Lösungsphase im Schritt mit elastischen Ausbindern geritten werden, damit sie den Kopf tief halten. Eine halbe Stunde mit hochgerecktem Kopf und Hals zu laufen, wäre sicherlich ungesünder, außerdem kann der Reitschüler so besser sitzen und stört das Pferd weniger in Rücken und Maul.

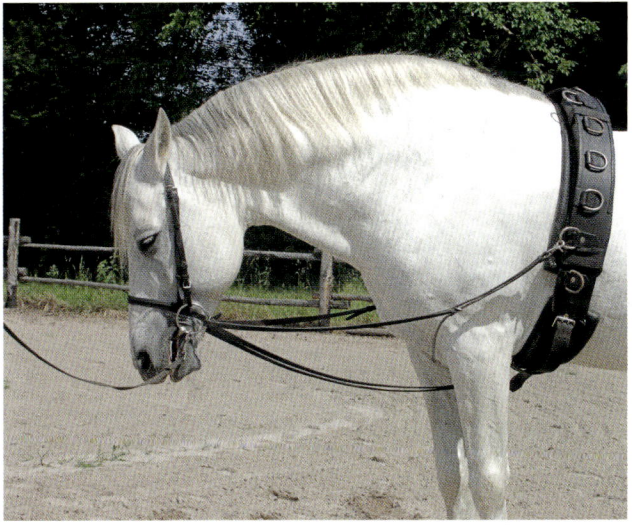

Dreieckszügel zeigen dem Pferd die richtige Kopfhaltung.

Auch beim Longieren können Hilfszügel wie der Dreieckszügel oder Ausbinder sinnvoll sein, da sie dem Pferd zeigen, wie es den Hals vor-wärts-abwärts dehnen soll. Wichtig dabei ist das stetige Treiben, damit die Hinterhand aktiv bleibt. Hilfszügel auch hier immer erst zur Trab- und Galopparbeit einschnallen.

Alle Hilfszügel müssen so lang verschnallt werden, dass die Pferdenase vor der Senkrechten bleibt.

Das Martingal sieht man sehr häufig im Springreiten, hier soll es ein unkontrolliertes Hochreißen des Kopfes verhindern. Auch im Gelände hat man das Pferd damit besser unter Kontrolle.

Das Martingal gehört zu den am häufigsten verwende-ten Hilfszügeln.

Richtig verschnallt sollten die Zügel vom Maul bis zu den angehobenen Fäusten eine gerade Linie bilden.

Schlaufzügel, die den Pferdekopf durch starke Flaschenzugwirkung nach unten zwingen können, gehören, wenn überhaupt, nur in die Hände von Profis und dürfen nur sehr fein dosiert und kurzfristig eingesetzt werden.

Benutze nie ohne Aufsicht irgendwelche Hilfszügel und reite nie mit Ausbindern oder anderen Hilfszügeln ins Gelände (Ausnahme: Martingal). Gerät das Pferd ins Stolpern, kann es sich nicht mit dem Hals ausbalancieren. Ein Sturz ist die Folge.

Das Traben über Stangen ist eine Vorübung für das Springen.

Springreiten

Du hast Lust auf etwas Neues und möchtest nicht ständig nur Bahnfiguren reiten? Dann könntest du es mal mit Springen probieren.

Schulpferde springen meist sicher über kleine Hindernisse. Willst du es mit deinem Pflegepferd versuchen, frage nach, ob es schon mal gesprungen ist. Übe anfangs immer nur unter Aufsicht.

Schon gewusst?

Runde Stangen geraten ins Rollen, wenn das Pferd sie anstößt oder darauf tritt. Sie sollten daher immer mit Blöcken an beiden Enden gesichert werden.

Beim Springreiten ist das Tragen einer Schutzweste empfehlenswert, denn beim plötzlichen Verweigern vor einem Sprung oder einem übermütigen Galopphüpfer kann man schon mal aus dem Sattel rutschen.

Stangenarbeit

Als Vorbereitung aufs Springen ist das Reiten über Stangen sinnvoll.

Zunächst legst du nur eine einzelne Stange auf den Hufschlag und reitest im Schritt darüber. Das Pferd sollte ruhig und konzentriert darübergehen und sich dabei vorwärts-abwärts strecken.

Danach reitest du im Leichttraben über die Stange. Konzentriere dich auf Schwung und Rhythmus, gehe leicht mit den Händen vor

und schaue nicht nach unten, sondern nach vorne. Klappt das gut, kannst du nun drei oder vier Stangen hintereinander oder verteilt auf den Boden legen. Jetzt muss das Pferd noch mehr aufpassen und seine Beine heben.

Wichtig: Reite die Stangen immer mittig an. Je nach Schrittlänge deines Pferdes beträgt der Abstand zwischen den Stangen 60–80 cm im Schritt und 1–1,2 m im Trab. Frage deinen Reitlehrer!

Der leichte Sitz

Bisher bist du im Grundsitz geritten. Beim Springen muss der Pferderücken jedoch entlastet werden, deshalb nimmst du den leichten Sitz ein. Dabei ruht dein Po nicht mehr im Sattel, sondern schwebt leicht darüber, dein Gewicht wird von Knie- und Fußgelenken abgefedert.

So geht's: Schnalle zunächst die Bügel 2–3 Loch kürzer. Nun sind deine Knie etwas stärker gewinkelt, so kannst du deinen Po leichter aus dem Sattel heben und zurückschieben.

Gleichzeitig beugst du deinen Oberkörper mit geradem Rücken vor. Von der Seite betrachtet, sollte eine senkrechte Linie durch Schulter, Knie und Absatz laufen.

Übe den leichten Sitz zunächst im Stehen und im Schritt, bevor du ihn auch im Trab und Galopp versuchst. Keine Sorge, es ist nicht schwer!

Der erste Sprung

Das einfachste Hindernis für den Anfang sind zwei gekreuzte Stangen. Das Pferd wird automatisch über die niedrige Mitte springen.

Baue den Sprung direkt an der Bande auf, dann hat das Pferd mehr Orientierung. Eine weitere Stange oder ein sogenannter »Fang« verhindern, dass das Pferd am Sprung vorbeiläuft.

Wichtig: Bevor du den ersten Sprung machst, solltest du dein Pferd gut warm geritten haben, am besten schon über ein paar Stangen.

Reite das Hindernis aus dem Trab an, dann heizt sich dein Pferd nicht so auf.

Reite gerade auf das Hindernis zu, lass die Schenkel gut am Pferd. Kurz vor dem Sprung gehst du in den leichten Sitz und nimmst die Hände leicht vor. Wenn das Pferd abdrückt, beugst du den Oberkörper noch weiter vor und folgst mit den Händen der Bewegung des Pferdekopfes nach vorne-oben. Bei der Landung fängst du dein Gewicht mit Knie- und Fußgelenken ab, nimmst die Zügel wieder kürzer und galoppierst noch ein paar Sprünge weiter. Geschafft!

Ein kleiner Kreuzsprung ist für Pferd und Reiter einfach zu bewältigen.

Um den richtigen Absprungpunkt zu finden, kann man als Hilfe noch eine Stange vor das Hindernis legen. Sie muss einen Abstand von einem Galoppsprung haben. Da du das selbst schwer abschätzen kannst, frage deinen Reitlehrer um Rat.

Geländereiten

För viele ist es das Schönste überhaupt: Mit dem Pferd durch die Natur zu streifen, über Wiesenwege zu traben und ein Stoppelfeld im Galopp zu überqueren. Die Enge der Reitbahn ist weit weg, es lebe die Freiheit!

Genauso fühlt es auch das Pferd. Es ist draußen meist lauffreudiger und wacher, erschrickt sich aber auch leichter, denn außerhalb der geschützten Reitbahn sieht es sich plötzlich vielen »schrecklichen« Dingen gegenüber: Autos, Spaziergängern, Hunden, Traktoren, Radfahrern etc.

Das Pferd für deine ersten Ausritte sollte deshalb ruhig und zuverlässig und lieber etwas faul als zu spritzig sein. Auf einer Rakete zu sitzen, macht nämlich keinen Spaß.

Wie beim Springen ist auch für Geländeritte neben dem Helm eine Schutzweste empfehlenswert. Hilfreich ist zudem ein Halsriemen. An diesem Lederriemen um den Pferdehals kannst du dich problemlos festhalten, solltest du einmal ins Rutschen geraten.

Damit der Ausflug ins Grüne ohne Zwischenfälle verläuft und du wieder heil im Stall ankommst, solltest du Folgendes beachten:

- Reite niemals allein aus! Sollte doch mal etwas passieren, ist niemand da, der Hilfe holen kann. Sinnvoll ist es auch, im Stall eure Route und die ungefähre Reitzeit zu hinterlassen. Handy nicht vergessen!
- Unternehmt nicht gleich beim ersten Mal einen Drei-Stunden-Ausritt. Das überfordert Reiter und Pferd. Steigert euch lieber langsam von kleinen Runden zu längeren Strecken. Seid aber auf jeden Fall vor der Dämmerung zurück am Stall.

Ein gemeinsamer Ausritt macht Spaß und bringt Abwechslung in den Reitalltag.

Hat der Bauer nichts dagegen, ist eine gemähte Wiese die ideale Galoppstrecke.

- Achtet auf die Beschaffenheit der Wege. Getrabt und galoppiert wird nur auf weichen Wiesen- oder Waldwegen ohne riesige Schlammpfützen, sonst ist Schritt angesagt.
- Beachtet Reitverbotsschilder und reitet nie querfeldein über eingesäte Felder oder durchs Unterholz. Falls bei euch Kennzeichnungspflicht besteht, befestigt die Marke gut sichtbar an der Ausrüstung des Pferdes.
- Meidet so weit wie möglich Straßen. Geht es nicht anders, reitet hintereinander am rechten Fahrbahnrand im Schritt.
- Begegnet ihr Fußgängern oder anderen Reitern, reitet stets im Schritt an ihnen vorbei.
- Im Gelände wird immer auf den schwächsten Reiter der Gruppe Rücksicht genommen. Möchte er z. B. nicht galoppieren, wird eben nur getrabt.

- Keine Wettrennen veranstalten! Über Felder und Wiesen hintereinander galoppieren (nicht überholen), nebeneinander kommen Pferde schnell in »Rennstimmung«. Zurück zum Stall wird nicht galoppiert, denn wenn Pferde die Heimat wittern, sind manche von ihnen nicht mehr zu halten. Damit die Pferde trocken am Stall ankommen, die letzten 15–20 Minuten im Schritt gehen.
- Unterwegs immer auf das Pferd und die Umgebung konzentriert sein und nicht vor sich hinträumen. Kommen euch Spaziergänger entgegen, nähert sich ein Traktor, springen Rehe aus dem Feld? Seid stets auf alles gefasst. Will dein Pferd partout nicht an einem Schreckgespenst vorbeigehen, steige ab und führe es daran vorbei. Das ist besser, als sich auf einen Kampf einzulassen.

Die letzte Strecke zum Stall wird immer im Schritt geritten.

Probleme beim Reiten

Ein Pferd ist ein Lebewesen, das genau wie du nicht jeden Tag gleich gut gelaunt ist. Vielleicht zwickt auch irgendwas oder das Pferd ist müde oder du selbst bist nicht so gut drauf. Es wird also Tage geben, an denen nichts so richtig klappt. Dann ist es manchmal besser, mit dem Training aufzuhören und eine kleine Runde ins Gelände zu reiten. Beim nächsten Mal wird es wieder besser. Es gibt aber auch Probleme, die immer wieder auftreten, oder bei

denen du nicht weißt, wie du reagieren sollst. Zögere nicht, deinen Reitlehrer um Rat zu fragen. Ein Profi erkennt viel schneller, woran es liegt, und gibt dir die richtigen Tipps. Haben Probleme sich erst mal über einen längeren Zeitraum eingeschliffen, wird es schwieriger, sie zu beheben.

Was also tun, wenn …
… dein Pferd faul ist?

Faulheit kann unterschiedliche Ursachen haben. Es kann sein, dass deinem Pferd irgendetwas wehtut und es sich deshalb nicht gerne bewegt. Lass es deshalb zuerst vom Tierarzt und vom Schmied untersuchen. Ein anderer Grund könnte sein, dass es für sein Arbeitspensum zu wenig Kraftfutter bekommt und etwas schlapp ist. Ist alles in Ordnung, ist dein Pferd vielleicht einfach von der bequemen Sorte und hat herausgefunden, dass man Anstrengung auch umgehen kann. In diesem Fall solltest du Unterricht bei einem Reitlehrer nehmen, der dir zeigt, mit welchen Übungen du dein Pferd aufweckst und zum Laufen motivierst.

… dein Pferd immer losrennt?

Auch hier sollte ausgeschlossen werden, dass z. B. der Sattel drückt oder das Zaumzeug nicht

Kein schönes Bild: Der Reiter muss heftig in die Zügel fassen.

passt. Oder bekommt es zu viel Kraftfutter? Das kann manche Pferde regelrecht »explodieren« lassen. Manche stehen auch zu viel in der Box und platzen vor Bewegungsdrang. Sie sollten unbedingt mehr Auslauf bekommen.

Ist das Pferd einfach temperamentvoll, hilft auch hier die Anleitung eines Reitlehrers. Reite viele gebogene Linien, stelle dem Pferd Aufgaben, auf die es sich konzentrieren muss. Dann wird es sich bald beruhigen.

… dein Pferd schon beim Aufsteigen losläuft?

Das ist schlicht mangelnde Erziehung. Das Stehenbleiben kannst du schon beim Führen oder der Bodenarbeit üben. Lass das Pferd zunächst neben der Bande oder dem Reitplatzzaun als äußerer Begrenzung anhalten. Hebe dazu die Hand oder die Gerte auf Augenhöhe des Pferdes und sage das Kommando, z. B. »Steh«.

Häufig zu beobachten: Das Pferd läuft los, bevor der Reiter im Sattel sitzt.

Will das Pferd danach sofort wieder losstapfen, lässt du es rückwärts treten und sagst wieder »Steh«. Anfangs reicht es, wenn das Pferd einige Sekunden brav stehen bleibt. Lobe es mit Kraulen oder Leckerli. Klappt das gut, kannst du den Strick auf den Boden hängen lassen und dich 1, 2 Schritte zur Seite oder nach hin-

ten bewegen. Das Pferd sollte dabei weiter stehen bleiben. Bewegt es sich, wird es ruhig an seinen Platz zurückgebracht. Schon nach einigen Trainingseinheiten kannst du dein Pferd überall »parken« – natürlich auch beim Aufsteigen!

...dein Pferd beim Reiten nach innen oder außen drängelt?

Das versuchen vor allem Schulpferde, aber auch junge oder etwas ältere, steife Pferde. Drängelt das Pferd nach innen, gibst du kurze Impulse mit dem inneren Schenkel, eventuell unterstützt von der Gerte. Denk daran, den äußeren Zügel begrenzend stehen zu lassen, aber nicht daran zu ziehen – sonst driftet das Pferd über die innere Schulter nur noch weiter nach innen.

äußeren Zügel. Am inneren Zügel nur zupfen, ziehst du daran, läuft das Pferd über die äußere Schulter noch mehr nach außen.

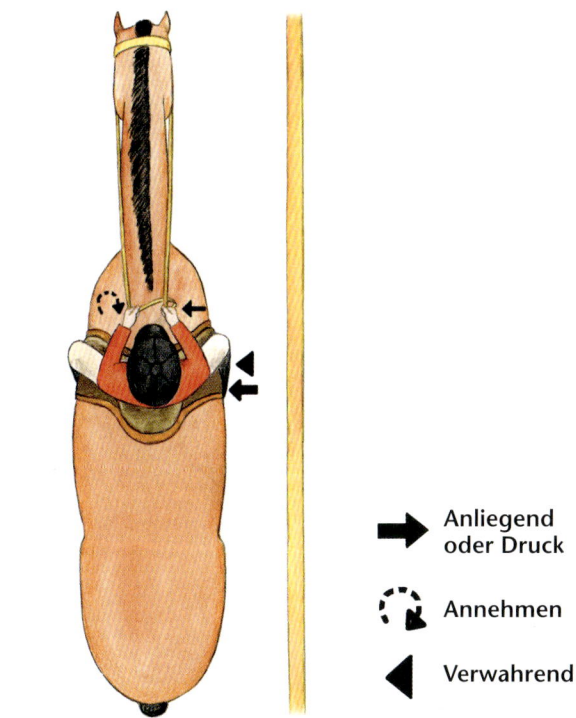

→ Anliegend oder Druck

Annehmen

◄ Verwahrend

...dein Pferd durchgeht?

Durchgehen heißt, dass das Pferd unkontrolliert davonstürmt und sich durch keine Reiterhilfen mehr beeinflussen lässt. Das kann vor al-

→ Anliegend oder Druck

Annehmen

◄ Verwahrend

Drängelt es nach außen, gibst du kurze Impulse mit dem verwahrenden äußeren Schenkel und denkst auch hier an den begrenzenden

Ein durchgehendes Pferd lässt sich nicht anhalten.

lem im Gelände passieren, wenn das Pferd sich vor irgendetwas erschrickt und sein Heil in der Flucht sucht. Was kannst du tun? Versuche, ruhig zu bleiben, auch wenn das nicht leicht ist. Stelle dich in die Bügel und klammere dich nicht mit den Beinen fest. Gib immer wieder kräftige Paraden (hier darfst du ausnahmsweise härter zupacken), zwischendurch nachgeben. Damit gewinnst du die Aufmerksamkeit des Pferdes zurück. Im akuten Notfall (ihr rast auf eine Straße o. Ä. zu) greife einen Zügel ganz kurz, stemme dich in die Bügel, nimm den Oberkörper zurück und ziehe den Pferdekopf zur Seite herum. Der Vierbeiner muss nun auf eine Volte abbiegen und langsamer werden.

Geht dein Pferd öfter durch, ist das sehr gefährlich. Ein Profi sollte versuchen, das Problem zu beheben.

...dein Pferd steigt?

Das ist ebenfalls sehr gefährlich, denn das Pferd kann sich dabei samt Reiter überschlagen. Steigt ein Pferd, lehne dich nach vorne, umfasse seinen Hals und lass dabei die Zügel locker, damit du das Pferd nicht nach hinten

Steigende Pferde sind nichts für Anfänger!

ziehst. Danach solltest du sofort energisch vorwärtsreiten, am besten auf Kreislinien, denn steigen kann das Pferd nur aus dem Halten und mit geradem Hals.

Steigende Pferde gehören in die Hand von Profis, Normalreiter sind damit überfordert.

...dein Pferd bockt?

Fast jeder Reiter hat das schon mal erlebt: Das Pferd ist übermütig und schiebt im Galopp ein paar Buckler ein. Ist das eine Ausnahme, ist Schimpfen erst mal nicht angebracht. Sitze den Buckler im leichten Sitz aus, meist beruhigt sich das Pferd schnell wieder.

So ein Buckler könnte den Reiter leicht aus dem Sattel katapultieren.

Es gibt allerdings auch Pferde, die heftig bocken und mit allen vieren gleichzeitig in die Luft springen. Ursachen können Schmerzen, Verspannungen oder schlecht passendes Sattelzeug sein, das sollte untersucht werden. Manche Pferde haben auch gelernt, ihre Reiter so loszuwerden und um die Arbeit herumzukommen. Gegenmaßnahmen: leichter Sitz, den Kopf des Tieres mit Paraden oben halten und energisch vorwärtsreiten. Solche Pferde sind nichts für Anfänger.

...dein Pferd scheut?

Scheuen heißt, dass das Pferd vor etwas erschrickt und einen Sprung zur Seite macht oder zurückweicht. Meist bläht es dabei die Nüstern, reißt die Augen auf und manchmal schnauft es auch erschrocken. Rede beruhigend mit ihm, lenke es zu dem Furcht einflößenden Gegenstand und lass es daran schnuppern. Ist näheres Betrachten nicht möglich, reite das Pferd mit abgewandtem Kopf daran vorbei. Weigert sich ein Pferd weiterzugehen, steige ab und führe es an dem Schreckgespenst vorbei.

Im Fall der Fälle

Trotz aller Vorsicht kann es mal passieren, dass du vom Pferd fällst. Wichtig ist deshalb, dass du immer einen Reithelm und wenn möglich auch eine Schutzweste trägst. So bist du vor Kopf- und Wirbelverletzungen besser gefeit. Deine Steigbügel sollten einen Sicherheitsmechanismus besitzen, z. B. eine gebogene Form, die den Fuß leichter freigibt, ein Gummiband an der Seite, das sich beim Sturz löst, oder einen Mechanismus, der den Bügel öffnet.

Versuche, dich beim Fallen abzurollen, und halte nicht, wie oft gefordert, die Zügel fest. Dabei kannst du unter das Pferd geraten oder mitgeschleift werden. Meist bleibt das Pferd sowieso bald von allein stehen. Im Zweifelsfall sollte man sich immer zuerst um den gestürzten Reiter kümmern und nicht dem Pferd hinterherjagen! Hast du nach dem Sturz Angst, wieder auf das Pferd zu steigen, lass dich nicht dazu zwingen. Erst wenn du dich bereit fühlst, sitzt du wieder auf – das kann auch erst ein paar Tage später sein.

Jeder Reiter sollte lernen, wie man richtig fällt.

Schon gewusst?

In manchen Reitställen wird ein sehr sinnvolles »Falltraining« angeboten. Hier lernen die Reiter Schritt für Schritt, wie sie sich bei einem Sturz vom Pferd richtig abrollen. Das gibt besonders ängstlichen Reitern mehr Sicherheit.

Spaß mit Pferden

Außer Reiten gibt es noch viele andere Möglichkeiten, sich mit Pferden zu beschäftigen. Ob Bodenarbeit, Longieren, Spaziergänge oder Massagen: Abwechslung ist gefragt, denn auch Pferden kann langweilig werden. Wenn sie jeden Tag die immergleichen Lektionen in der Reitbahn abspulen müssen, werden sie träge und lustlos.

Die folgenden Übungen sind deshalb keineswegs bloße Spielerei oder »unnütz«, sondern trainieren das Pferd auf eine andere Art als das Reiten – vor allem sein Kopf wird hier auf eine neue Weise gefordert. Darüberhinaus werden die Übungen dir und deinem vierbeinigen Freund viel Spaß machen und ganz nebenbei lernt ihr euch dabei auch noch besser kennen!

Bodenarbeit

Bei der Bodenarbeit führst du das Pferd an Halfter und Seil und sagst ihm mithilfe deiner Körperposition, deiner Stimme und einer Gerte, was es tun soll. Manche Profis können ihr Pferd sogar frei, nur mit Stimme und Gesten, dirigieren.

Am besten übst du auf einem umzäunten Platz. So ist das Pferd nicht abgelenkt und hat durch die Einzäunung eine Begrenzung.

Die richtige Ausrüstung für Bodenarbeit oder einen Spaziergang

Ausrüstung

Das Pferd sollte ein gut sitzendes Halfter tragen, daran ist ein möglichst langes, schweres Führseil befestigt.

Eine Alternative ist ein passendes Knotenhalfter. Bedenke aber, dass es durch die schmalen Riemen schärfer wirkt als ein normales Halfter.

Eine Führkette, die über der Nase verschnallt wird, sollte nur kurzfristig verwendet werden, denn sie wirkt recht scharf. Es sind nur kurze Impulse erlaubt, nie darf man fest an der Kette ziehen. Auch am Führstrick darfst du dich nie »festziehen«.

Außerdem brauchst du eine ca. 1,2 m lange Reitgerte. Ebenfalls empfehlenswert sind Handschuhe. Sie schützen deine Handflächen, sollte das Pferd einmal unerwartet am Strick reißen.

Grundregeln

Achte auf deine Körpersprache. Gehe aufrecht und locker neben dem Pferd her, sprich mit ruhiger Stimme. Pferde sind feine Beobachter und registrieren schnell, wenn du ängstlich oder unsicher bist. Dann verkrampfen sich deine Schultern, deine Atmung wird flacher, deine Bewegungen hektischer. Daraufhin wird das Pferd entweder ebenfalls unsicher werden, oder versuchen, selbst die Führung zu übernehmen.

Das Pferd macht eine Übung nicht so, wie du es möchtest? Meist wird der Fehler bei dir liegen, weil du die Hilfen noch ungenau gibst und das Pferd nicht versteht, was es tun soll. Übe weiter, am besten unter Anleitung. Bei einem trägen oder unwilligen Pferd dürfen die Hilfen auch mal deutlicher sein. Du kannst es

mit der Gerte antippen, das Seilende vor seiner Nase kreisen lassen oder kurz mit dem Arm fuchteln. Zeigt das Pferd richtige Ansätze, lobe es sofort, z. B. durch Kraulen am Hals.

Ignoriert das Pferd dich und läuft z. B. munter voraus? Gib auch hier deutlichere Signale. Sag ihm, dass es langsamer laufen soll, indem du ihm den Oberkörper zuwendest und die Gerte vor seine Augen hebst oder ihm damit auf die Nase klopfst. Du kannst es auch zwischendurch anhalten und rückwärts richten, bis es sich wieder an der richtigen Position befindet (Pferdekopf auf Höhe deiner Schulter oder leicht davor).

Erste Übungen

Anhalten: Zupfe leicht am Strick und sage bestimmt »Steh«. Reagiert das Pferd nicht, wendest du ihm den Oberkörper zu und hältst ihm die Gerte auf Augenhöhe in den Weg. In hartnäckigen Fällen kann auch ein kurzer Ruck am Strick hilfreich sein. Mit der Zeit soll das Pferd allein auf das gesprochene Kommando hin anhalten.

Beim Anhalten besser nicht am Strick ziehen, sondern die Gerte höher vor die Pferdenase halten.

Losgehen: Gehe zügig los, z. B. mit dem Kommando »Schritt«. Folgt das Pferd willig auf Höhe deiner Schulter, ist alles okay; trödelt es hinterher, strecke, ohne dich umzudrehen, den linken Arm nach hinten und tippe das Pferd mit der Gerte an der Hinterhand an.

Will es voranstürmen, zupfe am Strick und hebe kurz die Gerte auf Kopfhöhe.

So ist es perfekt. Ist das Pferd zu langsam, tippe es mit der Gerte an.

Wendungen: Willst du nach rechts abbiegen, drehe deinen Oberkörper deutlich nach rechts. Reagiert das Pferd nicht, hebe unterstützend den linken Arm vor seine Nase, wodurch du ihm den Weg abschneidest und es nach rechts dirigierst.

Links herum ist es leichter, weil das Pferd einfach deiner Schulter folgt. Fällt es dabei zurück, tippe es leicht an der Hinterhand an.

Klappt das, kannst du auch mal Schlangenlinien oder Volten probieren, das Pferd sollte dabei immer auf gleicher Höhe neben dir herlaufen.

Das Ganze kannst du auch im Trab versuchen. Allerdings musst du dabei flott laufen, Pferde sind im Trab ziemlich schnell.

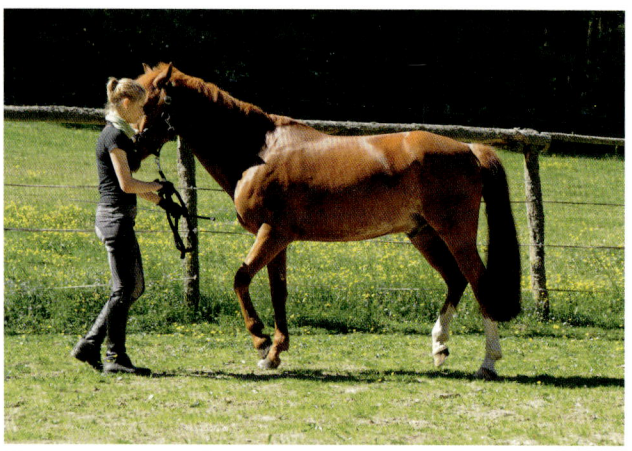

Eine unterstützende Hilfe zum Rückwärtsgehen: Klopfe dem Pferd mit dem Gertenknauf leicht vor die Brust.

Rückwärtsgehen: Stelle das Pferd an die Bande und positioniere dich vor ihm, sodass du es anguckst. Die Gerte hältst du waagerecht als Verlängerung deines Arms auf der anderen Seite neben den Pferdekörper.

Nun zupfe leicht am Strick und sage »Zurück«. Dabei bewegst du dich vorwärts. Die Gerte verhindert, dass das Pferd mit der Hinterhand ausweicht.

Beherrscht das Pferd das Kommando, kannst du auch neben ihm stehen bleiben, leicht am Strick zupfen und dich rückwärts bewegen. Das Pferd sollte mit dir zurückweichen. Zur Unterstützung kannst du es dabei mit der Gerte an die Brust tippen.

Seitwärtstreten (Volltraversale): Das Pferd soll nach rechts treten (vom Pferd aus

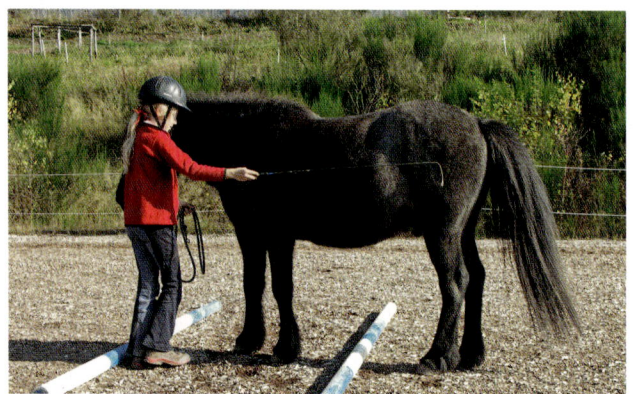

Eine Bodenstange erleichtert das gerade Seitwärtstreten.

gesehen): Stelle das Pferd ein paar Meter von der Bande entfernt parallel zu ihr in die Reitbahnmitte.

Positioniere dich so vor ihm, dass du es anschaust. Du befindest dich seitlich rechts neben dem Pferdekopf. Den Strick hältst du kurz gefasst in der linken Hand, die Gerte in der rechten. Führe die Gerte waagerecht an den Pferdekörper und tippe ihn leicht an. Das Pferd soll nun seitlich weichen, indem es Vorder- und Hinterbeine kreuzt.

Gehe langsam im Rhythmus mit ihm mit. Kopf und Hals des Pferdes bleiben gerade und verbiegen sich nicht zur Seite. Will das Pferd nach vorn laufen, verstelle ihm den Weg. An der Bande angekommen, sagst du »Halt« und lobst es. Das Ganze funktioniert natürlich auch zur anderen Seite!

Wie wäre es jetzt mit einem kleinen Übungsparcours?

Bodenstangen: Lege vier Stangen zu einem L auf den Boden und dirigiere das Pferd zuerst vorwärts und dann rückwärts hindurch – langsam, Schritt für Schritt.

Über eine einzelne Stange kannst du das Pferd wie oben beschrieben seitwärts treten lassen.

Lege mehrere Stangen hintereinander und führe das Pferd im Schritt und Trab hinüber. Achtung, im Trab muss der Abstand der Stangen größer sein.

Pylonen: Stelle Pylonen mit genügend Abstand in einer Reihe hintereinander auf und laufe mit dem Pferd im Slalom drumherum. Schafft ihr es auch im Trab?

Du kannst das Pferd auch über Plastikplanen auf dem Boden oder, falls vorhanden, über Holzwippen oder -brücken führen. Lass das Pferd diese ungewohnten Dinge erst in Ruhe betrachten. Zupfe leicht am Strick, damit es

dazu den Kopf senkt. Lobe es, sobald es einen Huf darauf setzt.

Auch Zirkuslektionen wie der Spanische Schritt oder das Kompliment gehören zur Bodenarbeit.

Vertrauensvoll folgt das Pferd dem Reiter über eine Brücke.

Schon gewusst?

Du kannst deinem Pferd beibringen, den Kopf zu senken, wenn du ihm die Hand aufs Genick legst. Das ist praktisch beim Trensen und auch im Gelände. Du stellst dich schräg neben den Kopf des Vierbeiners, zupfst mit der linken Hand am Strick und legst die rechte auf das Genick. Sobald das Pferd leicht den Kopf senkt, sagst du ein Kommando, z. B. »Down«. Versuche nicht, es mit der rechten Hand hinunterzuschieben, das Pferd würde nur dagegendrücken. Reagiert es wie gewünscht, lobe es und kraule es kurz im Genick. In hartnäckigen Fällen kann auch ein Leckerli helfen, damit der Kopf heruntergenommen wird.

Longieren

Longieren bedeutet, das Pferd an einer langen Leine, der Longe, auf einer Kreisbahn um sich herum zu bewegen. Richtiges Longieren lockert und stärkt die Muskeln des Pferdes, ohne Belastung durch das Reitergewicht.

Longieren ist nicht ganz einfach, deshalb solltest du es anfangs mit einem Reitlehrer zusammen machen oder einen Kurs besuchen. Nur laufen lassen an der Leine nützt nämlich wenig. Eine gute Voraussetzung ist, wenn das Pferd von der Bodenarbeit her schon die Kommandos »Schritt« und »Halt« oder »Steh« beherrscht. Dann wird es an der Longe besser verstehen, was du von ihm möchtest.

Vorbildliche Ausrüstung mit einem breiten, gepolsterten Kappzaum

Ausrüstung

Das Pferd trägt entweder eine Trense ohne Zügel oder (besser!) einen gut sitzenden Kappzaum. Bei der Trense wird die Longe am inneren Gebissring eingehakt, beim Kappzaum am mittleren Nasenring.

So ist es richtig: Das Pferd läuft ausbalanciert mit leichter Innenstellung, die Hinterhand tritt weit unter.

Longiert wird auf einem eingezäunten Reitplatz, einem Longierzirkel oder einem Roundpen. Der Durchmesser des Longierzirkels sollte mindestens 18 m betragen. Engere Kreise sind für das Pferd eher ungesund.

Der Longenführer trägt in der einen Hand die in gleich große Schlaufen aufgewickelte Longe, in der anderen die Longierpeitsche. Diese wird leicht nach oben und ein gutes Stück hinter dem Pferd gehalten. Die Peitsche dient zur Unterstützung beim Treiben. Soll das Pferd fleißiger gehen oder in die nächsthöhere Gangart wechseln, lasse sie als Unterstützung zu dem stimmlichen Kommando vorschwingen. Reagiert das Pferd nicht, darfst du mit dem Schlag kurz seine Hinterhand berühren.

Da du beim Longieren weiter vom Pferd entfernt bist, ist deine Körperposition zu ihm besonders wichtig:

- Befindest du dich auf Höhe der Hinterhand, mit Blick nach vorn zum Pferdekopf, wirkst du treibend. Soll das Pferd z. B. vom Schritt zum Trab wechseln, nimm diese Position ein, sage auffordernd »Teerab« und lasse die Peitsche vorschwingen.
- Befindest du dich auf Kopfhöhe und drehst deine Schulter gegen die Bewegungsrichtung, wirkst du bremsend. Soll das Pferd z. B. vom Trab in den Schritt wechseln, nimm diese Position ein und sage mit tiefer Stimme »Scheeritt«.
- Machst du einen energischen Schritt direkt auf den Bauch zu, wird das Pferd nach außen weichen.

Du beginnst das Longieren, indem du das Pferd entweder auf den Hufschlag stellst und dich rückwärts zur Mitte bewegst, oder du lässt das Pferd um dich herum im Schritt loslaufen und schickst es mit deutlichen Gesten nach außen auf die Zirkellinie. Übe zuerst nur die Kommandos Schritt und Halten. Hast du hier Schwierigkeiten, lass dir von einer zweiten Person helfen, die das Pferd anfangs führt, um ihm zu verdeutlichen, wie es auf deine Kommandos reagieren soll. Klappt das, versuche es mit Trab und Galopp.

Hilfszügel?

Manche halten das Longieren nur mit Hilfszügel für sinnvoll. Um ihn zu verschnallen, muss das Pferd zusätzlich einen gepolsterten Longiergurt tragen. Geeignete Hilfszügel sind der Laufferzügel, der Dreieckszügel oder Ausbinder. Beide Seiten werden gleich lang eingestellt, der Kopf des Pferdes bleibt deutlich vor der Senkrechten. Die Hilfszügel werden erst nach der Schrittphase eingeschnallt.

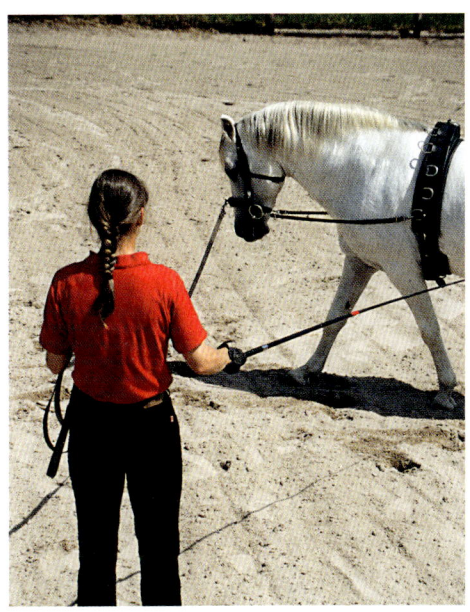

Werden Hilfszügel wie der Ausbinder benutzt, muss das Pferd einen Longiergurt tragen.

Kleine Longierstunde

Beim Longieren beginnst du wie beim Reiten mit 10 Minuten Schritt. Wechsle nach 5 Minuten die Hand. Bei der Trense musst du die Longe umschnallen, beim Kappzaum nicht. Das Pferd sollte fleißig vorwärtsschreiten. Achte darauf, dass das Pferd nicht nach außen, sondern leicht nach innen schaut. Zupfe dazu immer wieder kurz an der Longe.

Nach zehn Minuten kannst du, falls vorhanden, die Hilfszügel einschnallen und das Pferd auf jeder Hand einige Runden traben und galoppieren lassen. Auch hier sollte das Pferd fleißig vorwärtsgehen. Sein Hals ist leicht nach innen gebogen, der Kopf tief.

Lass es danach kurz im Schritt verschnaufen. Anschließend kannst du Schritt-Trab-Übergänge oder Trab-Galopp-Übergänge üben oder den Zirkel für zwei Runden verkleinern und dann wieder vergrößern. Zum Verkleinern gehst du auf das Pferd zu und verkürzt die Longe, nicht das Pferd zu dir hereinziehen!

Zum Schluss solltest du die Hilfszügel lösen und das Pferd einige Minuten im Schritt entspannen lassen. 20–30 Minuten Longieren sind genug.

Wenn ihr beide geübter seid, kannst du das Pferd auch mal über Bodenstangen im Schritt und Trab longieren – aber nicht mehr als 5–8 Runden auf jeder Hand.

Tipp: Wie erkenne ich, ob das Pferd fleißig vorwärtsgeht?

Die Spur der Hinterhufe sollte in oder besser noch über die der Vorderhufe reichen ❶. Oder betrachte im Trab die beiden Beinpaare: Vorder- und Hinterbeine bilden jeweils ein umgedrehtes V ❷. Ist es hinten schmaler, treten die Hinterbeine nicht gut unter. Du kannst sie aktivieren, indem du, sobald das Pferd zu langsam wird, den Schlag Richtung Hinterbein vorschwingen lässt, zusammen mit der Aufforderung »fleißig« o. Ä.

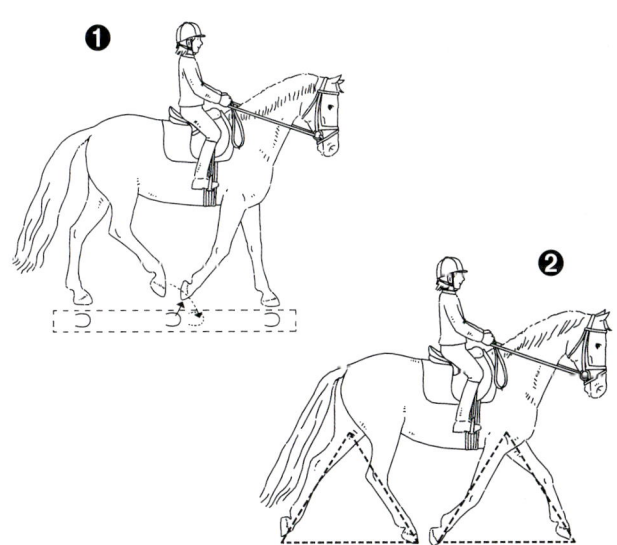

Reiterspiele

Reiterspiele machen großen Spaß – sowohl Zwei- als auch Vierbeinern. Meist werden sie als Staffelrennen ausgetragen, bei denen verschiedene Aufgaben erledigt werden müssen. Dabei kommt es vor allem auf Geschicklichkeit und Schnelligkeit an. In England heißen Reiterspiele »Mounted Games« und es gibt richtige Turniere dafür.

Spielideen

Kartoffelrennen: Zwei oder mehr Reiter treten gegeneinander an. Sie müssen eine Kartoffel auf einem Löffel von A nach B transportieren – so schnell wie möglich. Fällt sie runter, heißt es absteigen, aufheben, dann geht's weiter. Der Schnellste gewinnt.

Zwillingsreiten: Immer zwei Reiter reiten nebeneinanderher, zwischen sich halten sie einen Papierstreifen. Die Reiterpaare müssen

verschiedene Figuren wie Volten oder Schlangenlinien reiten. Wessen Papierstreifen zuletzt reißt, hat gewonnen.

Gertenfangen: An einer Seite des Reitplatzes wird ein Eimer mit mehreren Gerten aufgestellt. Vom Sattel aus sollte man sie bequem erreichen können. Nun reiten alle Teilnehmer im Schritt eine ganze Bahn und ziehen nacheinander jeweils eine Gerte aus dem Eimer.

In der nächsten Runde stecken sie sie zurück. Danach wird getrabt, schließlich galoppiert. Wer keine Gerte erwischt oder es nicht schafft, sie in den Eimer zurückzustecken, ist raus.

Ballspiel: Slalomstrecken aus 3–4 Pylonen. Zwei oder mehr Reiter treten gegeneinander an. Jeder Reiter hat einen Reisigbesen in der Hand und muss damit vom Sattel aus einen großen Gymnastikball um die Pylonen dirigieren. Der Schnellste gewinnt.

Wellness für Pferde

Dein Pferd trägt dich brav durch jede Reitstunde, über kleine Hindernisse oder Felder und Wiesen. Als Dank kannst du ihm zwischendurch immer mal wieder etwas Gutes tun. Je mehr du dich mit deinem Pferd außerhalb des Reitens beschäftigst, desto enger wird die Beziehung zwischen euch werden. Außerdem lernst du den Körper des Vierbeiners besser kennen und merkst schneller, wenn etwas nicht stimmt.

Übrigens: »Wellness« ist für dein Pferd auch einfach ein gemütlicher Spaziergang, grasen lassen – und natürlich die Weide.

Putzen

Schon beim Putzen kannst du etwas für das Wohlbefinden deines Pferdes tun. Statt es schnell einmal überzubürsten, solltest du dir Zeit nehmen. Fahre mit dem Striegel in sanft kreisenden Bewegungen über das Fell. Merkst du, dass es irgendwo juckt, darfst du ruhig fester schrubben – das Pferd wird es genießen. Beliebte »Kratzpunkte« liegen zum Beispiel oben an der Schulter bzw. kurz vor dem Widerrist am Mähnenkamm.

Auch Fohlen haben Lieblingsstellen, an denen sie gerne gekrault werden.

An allen Stellen, die wenig bemuskelt sind (wie die Beine), immer ganz vorsichtig putzen!

Anschließend nimmst du die weiche Kardätsche und fährst mit langen, ruhigen Strichen über den Pferdekörper. Vergiss auch den Kopf nicht, den du mit einer weichen Bürste oder einem Fellhandschuh vorsichtig säuberst. Manche Vierbeiner lieben das, sie schließen dabei die Augen und legen den Kopf auf deine Schulter.

Streichungen

Nach der Reitstunde oder einfach so kannst du zur Entspannung Streichungen mit der Hand oder den Fingerspitzen über den ganzen Pferdekörper machen. Suche dir dazu ein ruhiges Plätzchen und binde das Pferd an.

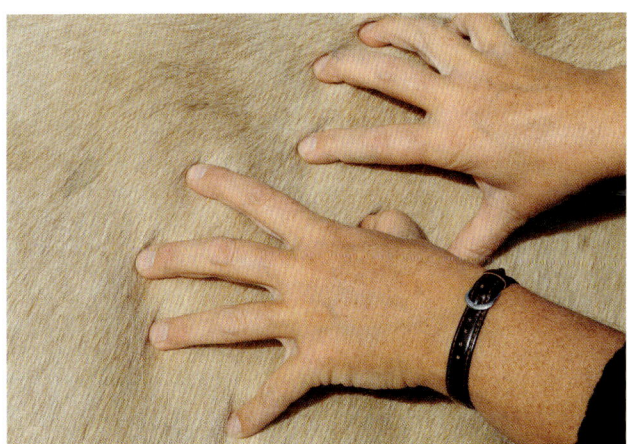

Fingerstreichungen sind für das Pferd sehr entspannend.

Bei den Fingerstreichungen setzt du die Fingerkuppen beider Hände auf das Fell und streichst in Wuchsrichtung von dir weg.

Bei Handstreichungen hast du mit Handfläche und Fingerspitzen Kontakt zum Pferdekörper und ziehst die Hände in Fellrichtung zu dir hin. Der Druck von Finger / Hand sollte dabei etwa 1 kg betragen.

Tipp: Prüfe es auf der Küchenwaage.

Beginne mit langen ruhigen Strichen am Hals von oben nach unten, dann fährst du fort vom Widerrist Richtung Bauch, über die Kruppe… Wiederhole die Streichungen jeweils einige Male. Beobachte das Pferd dabei: Fühlt es sich wohl und senkt es den Kopf oder zeigt es Abwehrreaktionen wie Kopfhochziehen, Ausweichen? Dann fahre an anderer Stelle fort oder übe weniger Druck aus. Die Streichungen sollten anfangs nicht länger als zehn Minuten dauern, sonst wird das Pferd unruhig.

Schön gemacht

Du planst eine kleine Reitvorführung, fährst zu einem Turnier oder reitest bei einem Umritt mit? Es gibt immer wieder Anlässe, zu denen du dein Pferd herausputzen kannst, um auch anderen zu zeigen, wie schön es ist. Hier findest du die besten »Beauty-Tipps« für deinen Vierbeiner.

Vorbereitung

Damit das Fell deines Pferdes seidig glänzt und seine Mähne locker fällt, kannst du es im Sommer bei warmem Wetter von Kopf bis Fuß waschen. Benutze dazu ein mildes Pferdeshampoo und spüle alles gründlich aus, am besten mit einem Wasserschlauch. Stelle den Strahl nicht zu hart ein und richte ihn niemals direkt auf den Pferdekopf.

Ist dein Pferd wasserscheu, beginne mit dem Abspritzen vorsichtig an den Beinen und arbeite dich weiter nach oben vor. Nach dem Waschen ziehst du das Wasser mit einem Schweißmesser aus dem Fell.

Lass es danach in der Sonne windgeschützt trocknen. Anschließend bürstest du das Fell mit einer sauberen, weichen Kardätsche. Es wird nun glänzen wie Samt! Die Mähne entwirrst du vorsichtig mit der Wurzelbürste.

Im Winter solltest du dein Pferd nicht waschen. Es kann sich leicht erkälten, außerdem zerstörst du damit die schützende Fettschicht im Fell. Hier ist gründliches Putzen angesagt! Zum Schluss reibst du mit einem weichen, angefeuchteten Tuch über das Fell, um den letzten Staub zu entfernen.

Tipp: Sprühe etwas Mähnenspray (aus dem Fachhhandel) auf Mähnen- und Schweifhaare, so werden sie leichter kämmbar und fallen locker. Vor dem Einflechten allerdings besser darauf verzichten, sonst werden die Haare zu rutschig.

Je nach Länge der Mähne gibt es unterschiedliche Möglichkeiten, sie einzuflechten.

Klassisch

Fürs Turnier wählt man meist die klassischen Mähnenzöpfchen. Sie sehen ordentlich aus und die Reiterhände können sich nirgendwo verheddern.

So geht's: Beginne am Genick. Teile von der Mähne jeweils drei schmale Strähnen ab und flechte sie möglichst fest zu einem Zöpfchen, das du mit einem Gummiband sicherst. Mache das so oft, bis alle Mähnenhaare verflochten sind. Die Zöpfchen werden anschließend zweimal eingeklappt oder eingerollt, sodass die losen Haarspitzen nicht mehr zu sehen sind. Dann wird das Ganze mit einem weiteren Gummi oder farblich passenden Klebeband in der Mitte befestigt – fertig!

Tipp: Übe das Einflechten schon vor dem

wichtigen Ereignis, denn es ist gar nicht so einfach, gleichmäßige Zöpfchen hinzukriegen. Nimm einen Hocker zu Hilfe, wenn das Pferd sehr groß ist. Will es partout nicht stillhalten, hänge ihm ein Heunetz in Brusthöhe, dann ist es beschäftigt.

Spanischer Zopf

Hierfür braucht dein Pferd eine lange Mähne. Beginne wieder oben am Genick und teile drei fingerbreite Strähnen ab. Flechte sie stramm direkt an den Mähnenkamm. Nach einigen Zentimetern nimmst du eine weitere Strähne aus der restlichen Mähne und fügst sie zu der oben liegenden Zopfsträhne hinzu. So flichtst du den Mähnenkamm entlang und nimmst zu jeder oben liegenden Strähne eine neue hinzu.

Langsam entsteht ein dicker werdender Zopf. Am Schluss flichtst du die übrig gebliebenen Haare einfach zu einem Zopf herunter und bindest ihn zusammen.

Tipp: Du kannst den Zopf auch in Form eines Bogens am Hals entlangflechten. Dafür lässt du die hinzugenommenen Strähnen jedes Mal etwas länger.

Gitternetz

Auch hierfür braucht das Pferd eine lange Mähne. Teile sie in gleichmäßige Strähnen, die du kurz unterhalb des Mähnenkamms mit farblich passenden Gummis oder Klebebändern sicherst. Führe nun die ersten beiden Strähnen zusammen und befestige sie 3–4 cm tiefer wieder mit Klebeband. Verfahre mit den restlichen Strähnen genauso.

Nun nimmst du den ersten Zopf, teilst ihn sowie den danebenliegenden wieder in zwei Strähnen auf und fügst diese zusammen. Teile danach auch die restlichen Zöpfe auf und bilde immer neue Zöpfe. Fahre so weiter fort, bis unten noch ca. 10 cm lose Spitzenzöpfe übrig bleiben.

Variation: Du kannst bei dem Spanischen Zopf oder dem Gitternetz auch farbige Bänder mit einarbeiten, dadurch ergeben sich tolle Effekte.

Schweif einflechten

Feuchte den Schweif mit einer Bürste an. Nimm jeweils eine dünne Strähne von beiden Seiten des Schweifs und eine aus der Mitte. Beginne zu flechten und nimm abwechselnd rechts und links dünne Strähnen von den Seiten hinzu (nicht zu viele Haare, sonst wird der Zopf zu dick). Es entsteht ein Zopf, der auf der Schweifrübe liegt. Flechte weiter bis zum Ende der Schweifrübe, ab da nimmst du keine Haare mehr hinzu, sondern flichtst einfach weiter runter und sicherst den Zopf mit einem Gummi.

Tipp: Stecke oben in den eingeflochtenen Schweif kleine künstliche Blüten, die du mit Garn an einer der Strähnen befestigst.

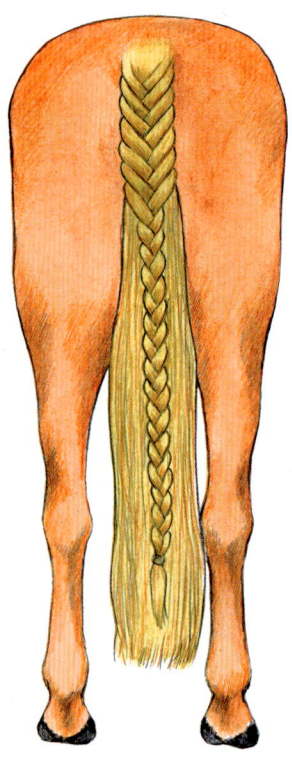

Schweif
einflechten

Ideen fürs Fell

Für Weihnachtsfeiern o. Ä. kannst du das Pferd auch ordentlich glitzern lassen. In Fachgeschäften gibt es spezielles Pferde-Glitzerspray, das sich leicht wieder herausbürsten lässt. Auf Mähne und Schweif oder mit einer Pappschablone (z. B. in Sternform) auf das Fell aufgesprüht, macht es deinen Vierbeiner zu einem echten Märchenpferd.

Schöne Hufe

Saubere Hufe vervollständigen das Bild. Spritze sie mit Wasser ab und lasse sie trocknen. Um ihnen Glanz zu verleihen, ist Huffett nur bedingt geeignet, denn es zieht Sand geradezu magisch an. Reibe die Hufe stattdessen lieber mit einer aufgeschnittenen Zwiebel ein. Das gibt Glanz und klebt nicht.

Exkursion: Gelassenheitsprüfung (GHP)

Seit 2003 gibt es eine neue Prüfungsform, für die du vor allem Pferdeverstand und Geduld brauchst: die Gelassenheitsprüfung.

Wie der Name schon sagt, wird hier getestet, wie gelassen das Pferd auf unerwartete Situationen reagiert, und zwar geführt oder unter dem Sattel. Dazu wird in der Halle oder auf dem Reitplatz ein Parcours mit insgesamt zehn Stationen aufgebaut, an denen Pferd und Führer/Reiter alltäglichen Dingen mit »Schreckpotenzial« begegnen. Beispielsweise werden neben dem Vierbeiner Regenschirme aufgespannt, es werden Luftballons steigen gelassen oder Bälle in den Weg gerollt. Das Pferd muss an Flatterbändern und rappelnden Müllsäcken vorbei, außerdem über Planen und Stangenkreuze laufen. Auch Vortraben und Rückwärtsgehen stehen auf dem Programm.

Auch der Flattervorhang kann zu einer Gelassenheitsprüfung gehören.

Bewertet werden die Übungen mit Punkten, von 0 (nicht ausgeführt) bis 10 (perfekt). Erwünscht ist, dass das Pferd sich die Dinge aufmerksam ansieht und seinem Menschen dann gelassen folgt. Geführt wird stets auf Höhe des Pferdehalses oder der Pferdeschulter.

Punktabzug geben heftiges Zurückziehen, Ausweichen oder gar Verweigern des Pferdes. Auch wenn der Führende stark am Strick zieht oder das Pferd laut auffordert, gibt es keine volle Punktzahl.

Bei der gerittenen GHP sind die Stationen ähnlich, sie müssen aber vom Sattel aus bewältigt werden.

GHPs sind eine prima Vorbereitung oder Übung für Geländeritte. Bleibt dein Pferd bei den Stationen ruhig, wird es auch bei Ausritten nicht so schnell vor Unbekanntem scheuen. Ganz nebenbei wird dein Vierbeiner immer mehr Vertrauen zu dir bekommen.

Weitere Pluspunkte: Du kannst alle Stationen zu Hause mit einfachen Mitteln üben. Und wenn du noch nicht so gut reiten kannst, ist die GHP eine tolle Alternative zu einem »richtigen« Turnier.

Und last but not least: Auch den Pferden macht es Spaß, mal etwas anderes zu üben als nur Stellung, Biegung, Angaloppieren…

Pferdewissen für Profis

Hast du ein Pflegepferd oder sogar ein eigenes Pferd zu versorgen, musst du schon eine ganze Menge mehr wissen, als wenn du nur in der Reitschule das Pferd vor dem Unterricht putzt und sattelst.

Welche Arbeiten fallen im Stall an? Wie füttert man ein Pferd richtig?

Wie pflegt man Hufe und Zähne? Und woran erkennt man, dass das Pferd krank ist?

Um all diese Dinge zu lernen, braucht es Erfahrung und Zeit. Damit du von Anfang möglichst wenig falsch machst, findest du im folgenden Kapitel wichtige Praxistipps und Ratschläge, wie du ein Pferd richtig pflegst und versorgst. Beobachte auch erfahrene Stallkollegen und frage sie um Rat, wenn du in irgendeinem Punkt unsicher bist.

Stallarbeit

Egal ob dein Pferd in einem Offenstall, in einem Laufstall oder in einer normalen Box lebt: Jeden Tag muss sein »Wohnraum« gereinigt werden, denn Pferde lieben es sauber. Wenn es sich vermeiden lässt, legen sie sich nie in ihren eigenen Mist oder fressen von Stellen, auf denen vorher Pferdeäpfel gelegen haben.

In freier Natur haben Pferde Platz genug und können sich immer wieder neue Futter- und Schlafplätze suchen. In Gefangenschaft beim Menschen müssen sie jedoch stets auf dem gleichen Raum fressen, schlafen und misten. Stehen Pferde länger in ihren eigenen Ausscheidungen, werden ihre Hufe und ihre Atemwege geschädigt, sie können sehr krank werden. Ein sauberer Stall ist deshalb ganz wichtig.

Eine Pferdebox zum Wohlfühlen: hell, luftig, ohne Gitter.

In vielen Pensionsställen wird das Ausmisten vom Stallbetreiber übernommen, in kleineren Privatställen müssen aber die Besitzer oft selbst die Boxen oder den Offenstall sauber halten. Wir zeigen dir, wie es geht.

Einstreuarten

Pferdeboxen werden in der Regel entweder mit Stroh oder mit Hobelspänen eingestreut. Beides bietet eine weiche, saugfähige Unterlage, auf der das Pferd sich gut hinlegen kann.

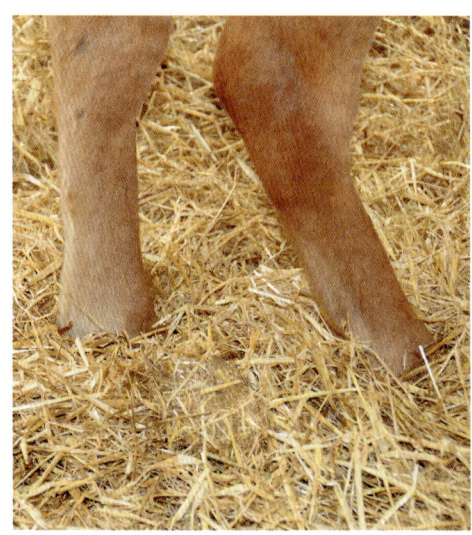

Stroh ist eine saugfähige Einstreu und gleichzeitig Raufutter.

Stroh hat den Vorteil, dass das Pferd an seiner Einstreu knabbern kann, denn Stroh ist ein gutes Raufutter. Steht das Pferd auf Spänen, muss es unbedingt ausreichend Heu bekommen, sodass es lange mit Fressen beschäftigt ist. Späneeinstreu staubt weniger als Stroh und ist deshalb vorzuziehen, wenn das Pferd empfindlich auf Staub reagiert.

Das Ausmisten

Die Box sollte dazu leer sein. Binde das Pferd draußen an oder lass es auf die Weide.
Stroh: Du brauchst eine Mistgabel, eine Schubkarre und einen Besen.

Sammle zunächst die Pferdeäpfel mit der Mistgabel auf und befördere sie in die Schubkarre. Achte darauf, nicht zu viel sauberes Stroh mit wegzuwerfen. Anschließend suchst du nach feuchten Stellen im Stroh, die du

ebenfalls entfernst. Meist musst du ein bisschen nach ihnen suchen.

Schichte das restliche saubere Stroh in einer Ecke auf einen Haufen. Nun fegst du den Boden gründlich sauber und lässt ihn trocknen. In der Zwischenzeit holst du einen neuen Ballen Stroh.

Die Strohunterlage muss täglich gesäubert werden.

Anschließend verteilst du zuerst das alte Stroh auf dem Boden, schüttelst dann das neue sorgfältig auf und verteilst es darüber. Die Einstreu sollte etwa fesseltief sein. Fertig!

Hobelspäne: Für das Ausmisten einer Spänebox brauchst du eine feinzinkige Mistgabel

Die feinen Zinken der Spänegabel funktionieren wie ein Sieb.

und eine Schubkarre. Hier geht das Ausmisten etwas schneller. Du sammelst mit der Gabel zunächst die Äpfel ab und sortierst dann die nassen Stellen aus, die man in Hobelspänen meist »im Stück« entfernen kann. Anschließend werden die restlichen Späne glatt gezogen, etwas neue darüber gestreut. Fertig!

Offenstall / Laufstall: Auch hier sollten die Liegeflächen und die Unterstände täglich gereinigt werden. Pferdeäpfel von Paddocks werden ebenfalls täglich abgesammelt. Am einfachsten geht das mit einer Schubkarre und einer Spänegabel.

Leben auf der Weide

Viele Pferde leben zumindest den Sommer über ausschließlich auf der Weide. Das klingt zunächst nach wenig Arbeit, doch auch hier sind einige Dinge zu beachten, damit das Pferd gesund bleibt.

Ein sauberer, trockener Unterstand ist ein Muss auf jeder Pferdeweide.

Unterstand: Pferde brauchen Schutzmöglichkeiten vor schlechtem Wetter. Ideal ist ein auf drei Seiten geschlossener Holzunterstand. Der Eingang sollte sehr breit sein, damit ihn kein

Pferd verstellen kann. Drinnen muss nicht eingestreut werden, es reicht, wenn regelmäßig der Mist entfernt wird. Hinlegen tun sich die Pferde meist auf der Wiese, auf Sandflächen oder gestampfter Erde.

Zäune: Eine gute Einzäunung schützt vor Verletzungen und hält die Pferde dort, wo sie sein sollen: auf der Weide. Ideal sind stabile Holzzäune oder Holzpfeiler, die mit breiten Elektrolitzen bespannt werden. Ungeeignet sind engmaschige Drahtzäune oder spitze Holzzäune sowie Stacheldraht!

Weidepflege: Ein täglicher Besuch auf der Weide ist unbedingt nötig.

Kontrolliere, ob der Zaun in Ordnung ist und keine Fremdkörper auf der Weide liegen, an denen die Pferde sich verletzen könnten.

Ist ausreichend frisches, sauberes Wasser vorhanden?

2–3 Mal wöchentlich sollten die Pferdeäpfel abgesammelt werden. Dann wächst das Gras besser und es gibt weniger Probleme mit Wurmbefall.

Außerdem sollte man nach Giftpflanzen Ausschau halten, die eventuell zwischen dem Gras oder auf angrenzenden Feldern und Wiesen wachsen.

Zur Rundum-Weidepflege gehören auch das jährliche Ausmähen und Düngen. Da Pferde nicht alle Gräser fressen, werden die Weiden nach der Weidesaison gleichmäßig abgemäht, sodass sie besser nachwachsen.

Je nach Bodenbeschaffenheit kann im Frühjahr etwas Dünger nötig sein.

Füttern

Über das richtige Füttern sind ganze Bücher geschrieben worden und in Futtershops findet man eine verwirrende Anzahl von Müslis und Spezialfuttermitteln. Da ist es schwierig, den Überblick zu bewahren.

Heu und Stroh sind Grundfuttermittel.

Je nach Alter, Rasse und Arbeitseinsatz haben Pferde unterschiedliche Bedürfnisse. Eine tragende Mutterstute muss anders gefüttert werden als ein Robustpony, ein Hochleistungs-Distanzpferd braucht deutlich mehr Futter als ein Freizeitpferd.

Doch zunächst geht es um die »Basics«. Was sind eigentlich Raufutter, Saftfutter und Kraftfutter?

Raufutter

Darunter versteht man Heu und Stroh, die beiden grundlegenden Futtermittel. Wie der Name schon sagt, enthalten sie viele Raufasern, die für die Verdauung des Pferdes sehr wichtig sind. Heu enthält dabei deutlich mehr Nährstoffe als Stroh.

Damit Pferde körperlich und seelisch gesund bleiben, ist ein möglichst ständiger Zugang zu

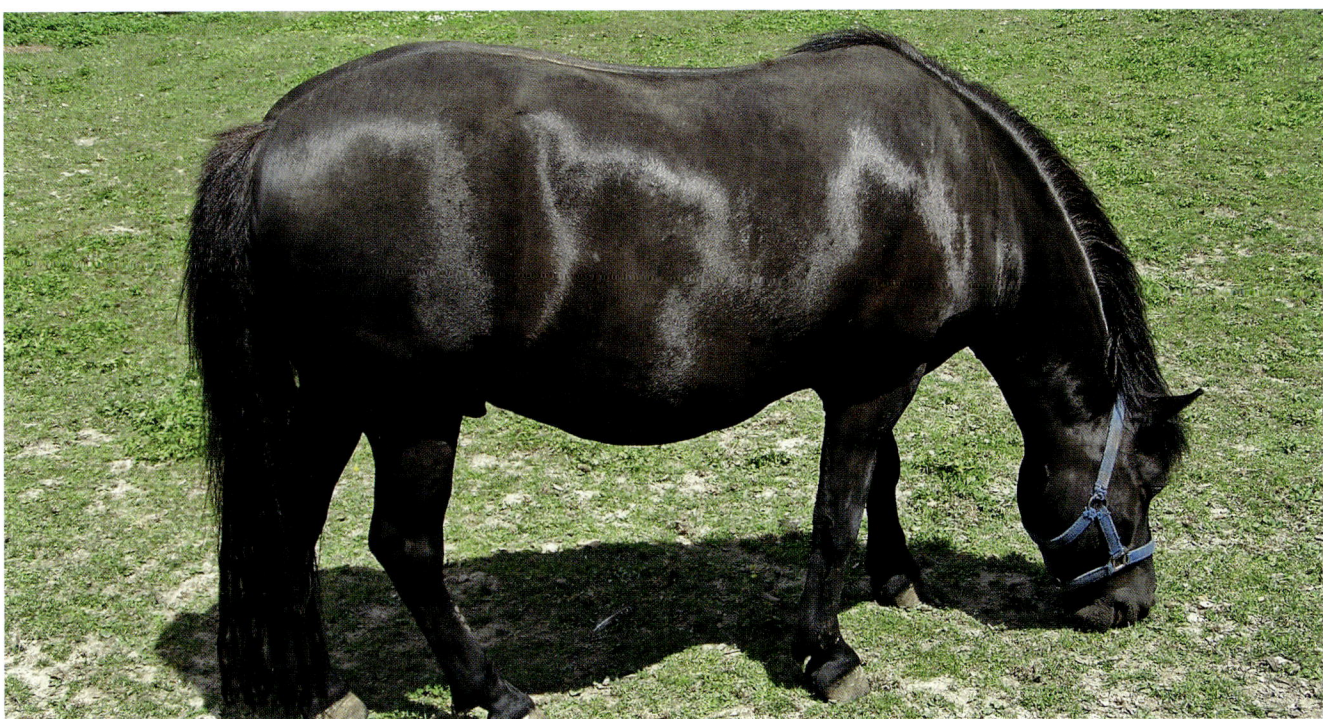

Zu viel Futter kann Pferde nicht nur dick, sondern auch krank machen.

Raufutter wichtig. Fresspausen von mehreren Stunden sind ungünstig, lieber dem Pferd 3–4 Portionen am Tag geben. Boxenpferde brauchen mindestens 1,5 kg Heu je 100 kg Körpergewicht. Das sind bei einem Kleinpferd ungefähr 5–6 kg am Tag. Zusätzlich können sie etwas Stroh zum Knabbern bekommen – nicht zu viel, das kann zu einer Verstopfungskolik führen. Weidepferde brauchen meist extra Raufutter, da die Weiden nicht groß genug sind.

Saftfutter

Saftfutter ist frisches Futter mit einem hohen Wassergehalt wie Gras, Möhren oder Äpfel.

Schon gewusst?

Ganz wichtig ist die gute Qualität von Heu und Stroh, sonst kann das Pferd krank werden. Verdorbenes Futter fördert Koliken und Allergien. Heu sollte grünlich sein, sich eher hart anfassen und aromatisch duften. Blasses, geruchloses Heu hat zu lange gelegen und enthält kaum noch Nährstoffe. Klumpiges, muffiges oder dunkel verfärbtes Heu sofort wegschmeißen, es ist schimmelig. Gutes Stroh ist zartgelb, riecht angenehm und hat lange Halme. Auch hier sind dunkle Verfärbungen oder Verklumpungen Hinweis auf Schimmel: entsorgen!

Möhren und Äpfel sind wichtige Nährstofflieferanten.

Gras ist das natürlichste Pferdefutter, allerdings ist es heute durch neue Sorten und Düngung vielfach zu nährstoffreich und kann zu Gesundheitsproblemen führen. Dann muss der Weidegang eingeschränkt und zusätzlich Raufutter gefüttert werden.

Möhren mögen die meisten Pferde gern. Mehr als 1–2 kg pro Tag sollten es aber nicht sein. Bei Äpfeln reichen 2–3 Stück pro Tag.

Kraftfutter

Damit sind Futtermittel gemeint, die dem Pferd viel Energie liefern, wie Hafer, Gerste und Mais. Müslis, die heute groß in Mode sind, beinhalten eine Mischung aus verschiedenen Getreiden und zusätzlich diverse Vitamine und Mineralstoffe.

Hafer ist ein bewährtes Kraftfutter.

Kraftfutter braucht das Pferd nur, wenn es regelmäßig geritten oder anderweitig gearbeitet wird. 2–3 Schrittausritte pro Woche sind für das Pferd keine Arbeit! Generell sollte man mit Kraftfutter eher sparsam umgehen. Ponys brauchen meist nur sehr wenig Kraftfutter und können bei zu viel davon unberechenbar oder krank werden. Ein Großpferd, das täglich trainiert wird, braucht natürlich größere Mengen Kraftfutter.

Müsli oder Hafer?

Heute ist Hafer bei vielen Pferdebesitzern verteufelt, weil er die Pferde angeblich »verrückt« macht. Müslis werden dagegen bedenkenlos verfüttert. Fakt ist jedoch, dass fertige Müslis viele überflüssige Zusatzstoffe sowie Zucker enthalten. Teilweise sind sie mit hohen Mengen synthetischer Mineralien und Vitamine versetzt.

Müslimischungen gibt es auch ohne Hafer.

Viele Experten halten das für bedenklich, sie plädieren für das natürliche Futtermittel Hafer (ungequetscht). Qualitätsvoller Hafer ist das am leichtesten verdauliche Getreide, und, in der richtigen Menge verfüttert, pusht er die Pferde keineswegs auf.

Mineralfutter

Eine zusätzliche Fütterung von Mineralstoffen in Form von Pulvern oder Pellets ist bei Freizeitpferden meist überflüssig. Gutes Heu enthält alle nötigen Mineralien. Vor allem sind diese Futtermittel oft zu hoch dosiert. Eine Ausnahme sind natürliche Kräutermischungen, die man wochenweise als Kur zufüttern kann. Wichtig ist aber in jedem Fall ein Salzleckstein. **Nicht vergessen:** Zur Grundversorgung gehört neben dem Futter auch ausreichend fri-

Verschiedene Mineralfutter

sches Wasser: 50 l am Tag können die Vierbeiner im Sommer schon wegschlürfen.

Wie fütterst du richtig?

Heu sollte dem Pferd den ganzen Tag und auch nachts zur Verfügung stehen. In der Box füttert man es einfach vom (sauberen) Boden, draußen legt man es in eine Bodenraufe, damit es nicht wegweht. Wird das Pferd schnell dick, kann man die Heuaufnahme verzögern, indem man es beispielsweise aus Raufen mit engen Gitterstäben verfüttert, aus dem das Pferd die Halme nur einzeln herauszupfen kann. Bekommt es zusätzlich Kraftfutter, solltest du dies je nach Menge auf 2–3 Portionen am Tag verteilen. Pferde dürfen wegen ihres kleinen Magens immer nur wenig Kraftfutter auf einmal fressen.

Füttere möglichst immer zur gleichen Zeit, Pferde sind Gewohnheitstiere. Direkt vor und nach dem Reiten sollte das Pferd aber kein Kraftfutter bekommen.

Möchtest du auf ein anderes Futter umstellen oder mehr oder weniger füttern, vollziehe den Wechsel in kleinen Schritten über mehrere Tage verteilt. Plötzlicher Futterwechsel kann zu Koliken führen!

Schon gewusst?

Die richtige Kraftfuttermenge reicht bei Freizeitpferden von 1–2 Händen bis zu 2–3 kg. Die meisten Futtermittelhersteller bieten auf ihrer Homepage eine Futterberechnung anhand des Pferdetyps, der Pferdegröße und der Arbeitsbelastung an.

Giftpflanzen

Es gibt einige Pflanzen, die für Pferde giftig sind. Von manchen reichen schon geringe Mengen, um schwere gesundheitliche Schäden zu verursachen – bis hin zum Tod!

Auch wenn Vergiftungen eher selten sind und die meisten Pferde Giftpflanzen normalerweise meiden: Es kann durchaus passieren, dass das Pferd beim hastigen Fressen etwas Giftiges erwischt.

Vorsicht also unterwegs bei Ausritten: Lass das Pferd nicht einfach irgendwo fressen. Und natürlich sollte die Weide regelmäßig nach giftigen Gewächsen abgesucht werden.

Folgende Symptome könnten auf eine Vergiftung hinweisen:

- Krämpfe
- Muskelzittern
- Atemnot
- Lähmungen

Falls du den Verdacht hast, dass das Pferd etwas Giftiges gefressen haben könnte, rufe sofort einen Tierarzt.

Sehr giftige Pflanzen

Adlerfarn Buchsbaum Eibe Fingerhut Goldregen

Herbstzeitlose Robinie Gefleckter Schierling Rotbuche Sumpfschachtelhalm

Hufpflege

Wie unsere Fingernägel wächst auch das Horn der Hufe, jeden Monat ca. 1 cm. Da die Pferde sich heute nicht mehr so viel bewegen wie in freier Wildbahn, der Huf also weniger abgenutzt wird, muss der Mensch eingreifen und die Hufe regelmäßig kürzen und in Form bringen.

Die Abstände für die Hufpflege sollten 6–7 Wochen nicht überschreiten – egal ob mit oder ohne Beschlag.

Der Huf ist von Natur aus so angelegt, dass das Pferd überall damit herumlaufen kann. Voraussetzung: Der Huf muss sich an neue Untergründe erst einige Zeit gewöhnen. Ein Pferd, das nur die weiche Wiese kennt, wird nicht barhuf über Stock und Stein laufen. An härtere Untergründe muss sich das Horn erst anpas-

sen, was einige Monate dauern kann. Soll der Vierbeiner lange Strecken auf wechselnden Untergründen oder viel auf hartem Boden laufen (z. B. Distanzpferde, Kutschpferde), kann ein Hufschutz erforderlich sein, damit das Horn nicht zu schnell abgenutzt wird und der Huf besser gedämpft ist.

Barhufpflege

Diese kann der Hufschmied, ein Hufpfleger oder ein Huforthopäde übernehmen. Da die Berufsbezeichnung der letzten beiden nicht geschützt ist, sollte man sich genau erkundigen, welche Ausbildung derjenige gemacht hat und wie viel Erfahrung er besitzt. Im Anhang und im Internet findest du Adressen von Ausbildungsstätten, deren Absolventen bestimmte

Qualitätsanforderungen erfüllen. Der Vorteil von Hufpflegern oder Huforthopäden besteht darin, dass sie sich hauptsächlich mit der Pflege des natürlichen Hufs befassen, während der Hufschmied in den meisten Fällen Pferde mit Hufeisen beschlägt.

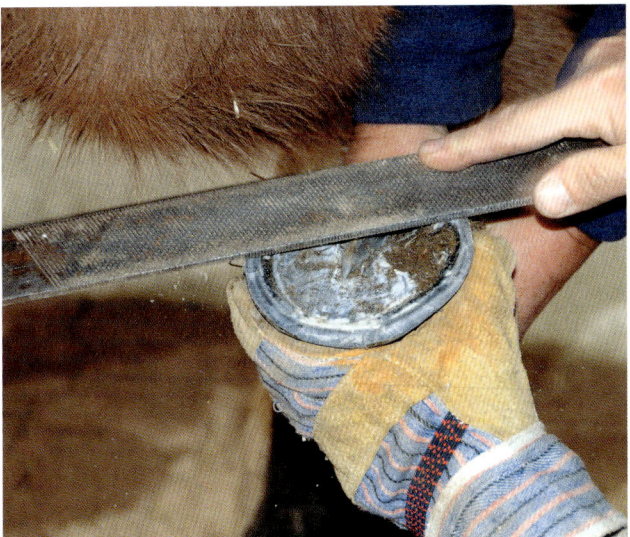

Die Hufe müssen regelmäßig von einem Fachmann gekürzt und bearbeitet werden.

So läuft die Hufpflege ab:

- Zuerst sollte sich der Hufpfleger das Pferd im Schritt und im Stand ansehen, um die Stellung seiner Beine und Hufe zu beurteilen.
- Dann wird er mit dem Hufmesser vorsichtig den Strahl begradigen und die Eckstreben kürzen. Bei Barhufpferden sollte nichts von der Hufsohle entfernt werden.
- Nun kommen die Hufraspel und evtl. die Hufzange zum Einsatz, um den Huf gleichmäßig zu kürzen, Fehlstellungen zu beheben und die Seiten zu berunden.
- Zum Schluss wird das Pferd nochmals im Laufen betrachtet. Fertig!

Übrigens: Nichts davon tut dem Pferd weh, es ist wie Nägelschneiden bei dir. Manche Pferde zappeln trotzdem herum. Das kann daran liegen, dass sie auf drei Beinen das Gleichgewicht nicht gut halten können oder steif sind und

das Bein nicht lange hochhalten können. Der Hufpfleger sollte darauf Rücksicht nehmen und geduldig mit dem Pferd sein.

Beschlag

In manchen Fällen ist es notwendig, den Huf zu schützen. Traditionell wird das mit Hufeisen gemacht, die allerdings einige Nachteile haben:

- Der Hufmechanismus wird durch die starren Eisen eingeschränkt.
- Der Aufprall der Eisen auf hartem Untergrund gibt starke Erschütterungen an die Gelenke weiter, was auf Dauer schädlich ist.
- Hufeisen sind relativ schwer, was ebenfalls Einfluss auf die Gelenke und Sehnen hat.

Heute gibt es einige neue Materialien, die diese Nachteile nicht haben.

1. Kunststoff: Dieser Beschlag ist leicht und dämpft sehr gut und ist deshalb ideal für Pferde, die viel auf hartem Untergrund unterwegs sind. Auch schränkt er den Hufmechanismus nicht so stark ein. Allerdings eignet sich der Kunststoffbeschlag nicht, wenn das Pferd sehr ungleichmäßige Hufe hat oder beim Laufen die Hufe stark dreht.

Ein moderner Hufbeschlag aus Kunststoff

2. Aluminium: Dieser Beschlag ist leichter als Eisen und gibt nur halb so viel Erschütterung wie diese weiter. Viele Rennpferde sind damit beschlagen. Nachteil: Alueisen sind etwas teurer und nutzen sich schneller ab. Ein Beschlag mit Hufeisen darf nur vom Hufschmied durchgeführt werden, ein Beschlag mit Kunststoff auch vom Huftechniker.

Er wird den Huf zunächst wie oben beschrieben bearbeiten und vor allem darauf achten, dass die Hufunterseite plan ist, damit das Eisen glatt aufliegt und nicht wackelt. Beim Heißbeschlag wird das Eisen erhitzt und kurz auf den Huf gehalten, um zu sehen, wie es aufliegt. So kann man das Eisen optimal anpassen. Der Nachteil: Das heiße Eisen schädigt das Horn. Beim Kaltbeschlag verzichtet man deshalb darauf und begradigt die Hufunterseite nach Augenmaß.

Anschließend wird das Eisen oder der Kunststoffbeschlag mit zwei bis drei Nägeln auf jeder Seite befestigt. Auch das tut dem Pferd nicht weh. In seltenen Fällen kann es passieren, dass der Schmied sich »vernagelt« und in eine Schicht mit Nervenenden dringt. Dann lahmt das Pferd.

Zum Schluss werden außen die Hufnägel gekappt und umgebogen und die Zehe berundet.

So sieht ein korrekt beschlagener Huf aus.

Der Hufbeschlag muss unbedingt alle 6 – 7 Wochen erneuert werden, weil der Huf ja wächst und durch das Eisen sonst eingezwängt und zu flach wird. Manche Reiter lassen die Eisen länger dran, weil sie Geld sparen wollen. Das ist sehr ungesund für das Pferd!

Hufschuhe sind aus Kunststoff und werden über den Pferdehuf gestülpt.

Hufschuhe

Viele Pferde brauchen nur ab und zu einen Hufschutz, z. B. für Ausritte auf hartem oder steinigem Untergrund. Dafür sind Hufschuhe ideal. Diese Überschuhe aus festem Kunststoff werden über den gesäuberten Huf gezogen und mit Riemen oder Haken befestigt. Es gibt mittlerweile sehr viele verschiedene Modelle, sodass für jeden etwas Passendes dabei sein sollte.

Nachteile: Einige Hufschuhe brauchen eine gewisse Eingewöhnungszeit, damit sie nicht die Haut aufscheuern. Man sollte mit neuen Hufschuhen also nicht gleich einen stundenlangen Ausritt machen, sondern mit kurzen Runden anfangen.

Auch das An- und Ausziehen sind manchmal nicht ganz einfach. Und nach einem verlorenen Hufschuh suchen macht auch keinen Spaß. Deshalb ist es wichtig, dass die Hufschuhe optimal passen. Lass dich dabei von einem Fachmann beraten.

Zahnpflege

Muss das Pferd zum Zahnarzt? Antwort: Ja! Die Gründe liegen auch hier in den veränderten Lebensbedingungen der Hauspferde. In der Natur fressen Pferde stundenlang am Tag harte Gräser und nutzen ihre Zähne dabei gleichmäßig ab. Durch das heutige weichere Futter und verkürzte Fresszeiten ist das nicht immer der Fall, und es können sich scharfe Zahnkanten bilden, die dem Pferd im Maul wehtun. Kopfschlagen beim Reiten, Wegzucken bei Berührungen am Kopf oder Mundgeruch können Hinweise darauf sein.

Deshalb sollte man die Zähne einmal im Jahr kontrollieren lassen – am besten von einem Tierarzt, der eine Zusatzausbildung zum Pferdezahnarzt gemacht hat.

So läuft die Behandlung ab:

- Zuerst schaut der Zahnarzt dem Pferd ins Maul, um abzuschätzen, ob eine Behandlung notwendig ist.
- Ist das der Fall, wird das Pferd sediert, d. h. es bekommt ein Beruhigungsmittel.
- Nun bekommt das Pferd ein Aufsperrgatter ins Maul geschoben und sein Kopf wird hochgebunden. Das sieht nicht schön aus, macht dem Pferd aber aufgrund des Beruhigungsmittels nichts aus.
- Mit manuellen oder elektrischen Bohrern und Raspeln werden nun die Zahnoberflächen geglättet.
- Nach der Behandlung braucht das Pferd noch ca. 2 Stunden, um sich zu erholen.

Eine Zahnbehandlung sieht grob aus; sie tut dem Pferd aber nicht weh, wenn sie richtig ausgeführt wird.

Täglicher Gesundheitscheck

Vor allem wenn du ein eigenes Pferd hast, solltest du dir angewöhnen, bei jedem Besuch kurz zu prüfen, ob es deinem Vierbeiner gut geht. Fünf Minuten reichen für einen kurzen Check. Die folgende Liste hilft dir dabei.

Ein gesundes Pferd bewegt sich gern und hat glänzendes Fell.

Sieh dir dein Pferd an, wenn es in der Box oder auf der Weide steht:
- Steht es ruhig da und frisst oder döst?
- Ist seine Atmung ruhig, das Fell trocken?
- Sieht es dir interessiert entgegen?
- Wie bewegt es sich? Läuft es normal, belastet es alle vier Füße gleichmäßig? (Beim Dösen ist natürlich ein Hinterbein entlastet.)

Nun betrachtest du das Pferd aus der Nähe, z. B. am Putzplatz:
- Fahre mit der Hand einmal leicht über den gesamten Körper des Pferdes. Hat es irgendwo Schrammen, Bisse oder Schwellungen?
- Gibt es Scheuerstellen im Fell oder an Mähne / Schweif?
- Sind seine Augen klar und weit geöffnet, die Nüstern sauber und ohne Ausfluss?

- Streiche einmal alle vier Beine ab. Sie sollten sich kühl und glatt anfühlen. Auch die Hufe sollten kühl sein.

Fallen dir beim Check folgende Alarmzeichen auf, frage sofort einen erfahrenen Reiter oder deinen Reitlehrer um Rat. Im Zweifel den Tierarzt rufen!
- Dein Pferd ist unruhig, schwitzt und schlägt mit dem Schweif, scharrt, legt sich immer wieder hin und wälzt sich.
- Der Vierbeiner wirkt apathisch und reagiert nicht auf Ansprache.
- Er humpelt oder mag sich gar nicht mehr bewegen.
- Ein Bein oder Huf fühlt sich heiß an; ein Bein ist geschwollen.
- Das Pferd hat tiefe Schrammen oder große Prellungen am Körper.

Puls und Temperatur

Hast du das Gefühl, dein Pferd ist schlapp und könnte krank sein, prüfe seinen Puls und seine Körpertemperatur. Damit das im Notfall klappt, solltest du es vorher ein paar Mal üben. Dann kennst du auch die normalen Werte deines Pferdes.

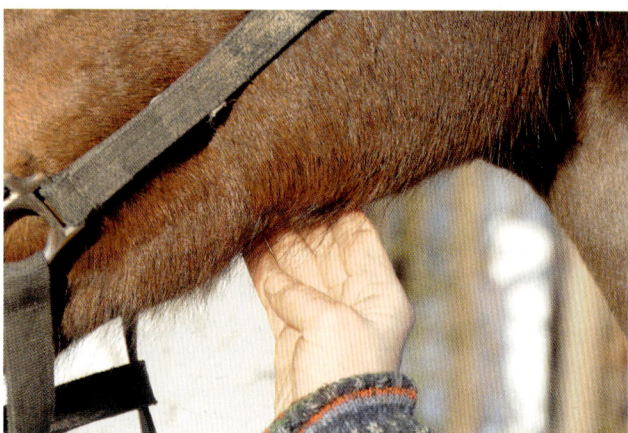

Puls messen

Steht das Pferd ruhig da, sollte sein Puls zwischen 28 bis 44 Schläge pro Minute betragen. **So misst du ihn:** Lege zwei Finger an die Innenseite des Unterkieferknochens oder seitlich an die Schweifrübe und zähle eine Minute lang die Schläge.

Die Körpertemperatur des gesunden Pferdes liegt zwischen 37,3 und 38,2°C. **So misst du sie:** Führe ein Fieberthermometer (am besten ein elektronisches) in den After des Pferdes ein. Sei nicht zu zaghaft, sondern schiebe es weit genug hinein, sonst misst es nicht richtig. Es kann übrigens nicht in den Darm rutschen, wie früher oft behauptet. Nach 1–3 Minuten kannst du das Ergebnis ablesen.

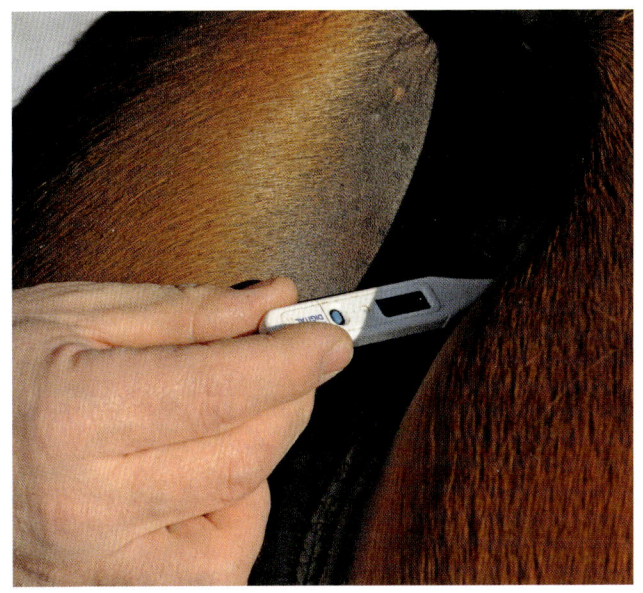

Fiebermessen

Kleines Lexikon der Pferdekrankheiten

Von einigen der folgenden Krankheiten oder gesundheitlichen Problemen hast du vielleicht schon mal gehört, denn sie treten häufiger auf.

Nur ein Tierarzt kann dir sagen, was deinem Pferd fehlt!

Hier erfährst du, an welchen Anzeichen man sie erkennt und wie man sie behandelt.

Versuche bitte nie, ein Pferd auf eigene Faust zu kurieren! Bemerkst du ein oder mehrere Krankheitsanzeichen an deinem Pferd, rufe immer einen Tierarzt. Seine Nummer solltest du gut sichtbar auf ein Schild an der Box oder an deinem Spind notieren. So wissen auch andere im Stall, welchen Arzt sie im Notfall verständigen sollen.

Kolik
Darunter versteht man krampfartige Bauchschmerzen. Ausgelöst werden können sie durch plötzlichen Futterwechsel, verdorbenes Futter, Giftpflanzen, Stress, Überanstrengung oder auch Wetterumschwünge.

Krankheitsanzeichen: Das Pferd ist unruhig, es scharrt mit den Hufen, sieht sich zum Bauch um und versucht, sich zu wälzen. Oft schwitzt es auch.

Das solltest du tun: Verständige sofort den Tierarzt, denn eine Kolik kann lebensgefährlich sein. Während du auf ihn wartest, hole das Pferd aus der Box oder von der Weide und

führe es in der Reithalle oder auf dem Reitplatz umher. Wenn das Pferd sich wälzen möchte, darf es das tun. Ist es kalt draußen und das Pferd schwitzt, lege ihm eine Fleecedecke über, um es warm zu halten.

Der Tierarzt wird dem Pferd ein krampflösendes Medikament geben, meist bessern sich dann die Schmerzen. In schweren Fällen muss das Pferd möglicherweise in eine Klinik und operiert werden.

Lahmheit

Lahmen heißt, dass das Pferd nicht gleichmäßig läuft, sondern humpelt. Meist tut ihm ein Huf oder Bein weh, manchmal auch der Rücken. Lahmheit ist keine eigene Krankheit, sondern ein Hinweis auf eine andere Erkrankung oder Verletzung.

Krankheitsanzeichen: Ist ein Vorderbein betroffen, nickt das Pferd taktmäßig mit dem Kopf. Ist ein Hinterbein lahm, senkt sich die Hüfte bei jedem Schritt vermehrt ab.

Um eine Lahmheit richtig zu diagnostizieren, sollte das Pferd im Schritt und Trab auf hartem, ebenem Boden geradeaus und im Kreis geführt werden. Oft kannst du als Laie nicht richtig erkennen, ob und wo ein Pferd lahmt, deshalb muss sich das ein Arzt ansehen.

Das solltest du tun: Lahmt ein Pferd nur minimal, kannst du 1–2 Tage abwarten, ob es sich von allein bessert. Ist die Lahmheit deutlicher, rufe unbedingt den Tierarzt. Durch verschiedene Untersuchungen kann er die Ursache für die Lahmheit herausfinden. Sie reicht von Hufabszess, Hufrehe über Beinverletzung, Sehnenschaden bis Arthrose.

Husten

Genau wie Menschen können auch Pferde Husten bekommen. Bei den Vierbeinern sind die Atemwege oft durch Stroh- oder Heustaub sowie Ammoniakausdünstungen angegriffen, sodass sie anfälliger werden für Virusinfektionen. Ein akuter Husten kann durch schlechte Haltungsbedingungen chronisch werden.

Krankheitsanzeichen: Bei einer akuten Virusinfektion hat das Pferd neben Husten auch Fieber, es wirkt müde und schlapp.

Chronischer Husten zeigt sich schleichend. Das Pferd hustet zunächst vielleicht nur am Beginn der Reitstunde, später auch im Stall oder auf der Weide.

Das solltest du tun: Frage auf jeden Fall den Tierarzt um Rat, wenn du dein Pferd öfter husten hörst! Er kann schleimlösende Medikamente verschreiben.

Außerdem müssen die Haltungsbedingungen des Pferdes verändert werden. Es braucht viel frische Luft! Am besten ist eine Paddock- oder Außenbox und ganztägiger Weidegang. Die Box sollte mit Hobelspänen eingestreut werden, sie stauben weniger. Weiche das Heu vor dem Füttern in Wasser ein, um auch hier die Staubbelastung zu verringern.

Schonende Bewegung hilft, den Schleim zu lösen.

Strahlfäule

Dies ist eine Erkrankung des Hufstrahls. Ausgelöst wird sie durch unhygienische Verhältnisse, wenn das Pferd z. B. täglich in einem dreckigen Stall oder matschigen Auslauf stehen muss. Bakterien nisten sich im Strahl ein und zerstören ihn.

Krankheitsanzeichen: Der Strahl riecht faulig, er ist nicht mehr fest, sondern weist bröselige, schmierige, gräulich-schwarze Stellen auf.

Das solltest du tun: Rufe den Hufschmied oder Tierarzt. Er wird die fauligen Stellen wegschneiden und den Rest desinfizieren. Stelle das Pferd in einen sauberen Stall, der jeden Tag ausgemistet wird, oder auf eine trockene Wiese

oder Paddock. Kratze jeden Tag gründlich die Hufe aus und behandle den Strahl, falls nötig, mit einem Medikament. Wichtig ist auch Bewegung, damit der Huf gut durchblutet wird.

Mauke

Mauke ist ein Hautekzem, das ebenfalls durch schmutzige, feuchte Bodenverhältnisse ausgelöst wird. Pferde mit vielen Haaren an den Beinen, z. B. Kaltblüter, oder auch Pferde mit weißen Fesseln sind besonders anfällig.

Krankheitsanzeichen: wunde, schorfige oder sogar blutig verkrustete Stellen in der Fesselbeuge. Ist die Krankheit weiter fortgeschritten, kann das Ekzem sich bis zum Karpalgelenk ausbreiten.

Das solltest du tun: Bei den ersten Anzeichen von Mauke unbedingt für einen sauberen, trockenen Untergrund sorgen. Ist die Fesselbeuge sehr schmutzig, wasche sie einmal mit Kernseife aus, ansonsten den Schmutz trocknen lassen und mit einer weichen Bürste abbürsten. Keinesfalls die Beine täglich abspritzen, das Wasser zerstört die natürliche Schutzbarriere der Haut. Frage den Tierarzt nach einer speziellen Pflegesalbe und trage sie täglich dünn auf die gesäuberte Haut auf.

Bei hartnäckiger Mauke helfen manchmal auch spezielle Futterzusätze, die das Immunsystem des Pferdes stärken.

Hufabszess oder Hufgeschwür

Dies ist eine schmerzhafte Entzündung der Huflederhaut. Die Ursachen dafür sind vielfältig. In trockene, rissige Hufe können Bakterien eindringen, ebenso können kleine Steinchen in der weißen Linie hochwandern und zu Entzündungen führen. Möglicherweise führen auch abgestoßene Gewebeteilchen im Hufinneren zu einem Abszess.

Krankheitsanzeichen: Das Pferd lahmt plötzlich (stark). Der Huf fühlt sich warm an.

Das solltest du tun: Möglichst schnell den Tierarzt rufen. Dieser wird den Huf vorsichtig mit einer Zange abdrücken, um herauszufinden, wo der Entzündungsherd steckt (oft im Eckstrebenbereich oder an der Strahlspitze). Hat er ihn gefunden, wird er den Huf aufschneiden, damit der Eiter abfließen kann. Anschließend wird der Huf desinfiziert und mit einem Verband geschützt. Nach einigen Tagen ist meist alles verheilt.

Nageltritt

Das Pferd tritt in einen spitzen Gegenstand, der sich in die Hufsohle bohrt.

Krankheitsanzeichen: Das Pferd mag nicht mehr auftreten, es lahmt.

Das solltest du tun: Umgehend den Tierarzt rufen! Wenn möglich, den Gegenstand stecken lassen oder mit einem Stift markieren, wo er war. Das ist für den Tierarzt eine sehr wichtige Information.

Wenn ein Pferd lahmt, hat es Schmerzen.

Hufrehe

Als Hufrehe bezeichnet man eine Entzündung der Huflederhaut aufgrund mangelnder Durchblutung. Flüssigkeit tritt aus, die sich zwischen Lederhaut und Hornkapsel aber nicht ausbreiten kann. Das führt zu enormem Druck und großen Schmerzen. Im weiteren Verlauf kann sich das Hufbein von der Lederhaut lösen und absinken.

Man unterscheidet zwischen Belastungsrehe (durch Überlastung), toxischer Rehe oder Futterrehe (durch Vergiftung) und der Geburtsrehe.

Krankheitsanzeichen: Meist sind die Vorderbeine betroffen, das Pferd verlagert sein Gewicht auf die Hinterhand, um die Vorhand zu entlasten. Ein einzelner schmerzender Huf wird hochgehalten.

Der oder die betroffenen Hufe sind außerdem warm, der Kronrand ist leicht geschwollen. Meist haben die Pferde auch Fieber und einen erhöhten Puls.

Das solltest du tun: Rufe sofort den Tierarzt. Bis zu seinem Eintreffen das Pferd in eine ganz dick mit Sägespänen gepolsterte Box stellen. Die Hufe mit kalten Umschlägen kühlen.

Die Therapie von Hufrehe ist schwierig. Meist bekommt das Pferd anfangs schmerzstillende Medikamente und Blutverdünner. Als äußerst hilfreich haben sich auch Aderlass und Blutegeltherapie erwiesen. Die Hufe werden in der akuten Entzündungsphase mit Watteverbänden gepolstert. Ihre Form sollte sehr vorsichtig wieder optimiert werden. Bei schmerzempfindlichen Hufen hilft später ein normaler Eisenbeschlag.

Von Therapien wie Eingipsen oder Hochstellen der Hufe durch Keile ist eher abzuraten. Am besten sucht man sich einen Spezialisten, der viel Erfahrung mit der Behandlung von Hufrehe hat.

Sommerekzem

Das Sommerekzem ist eine allergische Reaktion auf die Stiche der Kriebelmücke, die vermehrt in den Sommermonaten anzutreffen ist – daher der Name. Häufig betroffen vom Sommerekzem sind übrigens Islandpferde.

Krankheitsanzeichen: Die Stiche lösen einen starken Juckreiz aus, weshalb sich das Pferd »wie verrückt« an allen möglichen Gegenständen scheuert. Mähnenkamm und Schweifrübe werden wund und nicht selten blutig gescheuert.

Das solltest du tun: Frage einen Tierarzt oder Tierheilpraktiker um Rat. Als Erste Hilfe solltest du das Pferd frühmorgens und abends nicht auf die Weide lassen, denn zu diesen Zeiten sind die Mücken besonders aktiv. Im Stall ist der Vierbeiner besser geschützt. Feuchte Weiden in Sumpfgebieten sind für Ekzemer nicht geeignet!

Sinnvoll sind eng anliegende, dünne Decken, die über den Hals reichen und das Pferd so am ganzen Körper vor Stichen schützen.

Daneben gibt es verschiedene Pflegelotionen (ohne Cortison), die den Juckreiz lindern und die Mücken fernhalten.

Dünne Decken schützen das Pferd vor den Stichen der Kriebelmücke.

Die Stallapotheke

Kleine Schrammen, Scheuerstellen oder Erkrankungen wie Mauke oder Strahlfäule im leichten Stadium kannst du auch selbst behandeln. Frage aber vorher einen erfahrenen Pferdebesitzer oder deinen Reitlehrer um Rat.

Folgende Dinge solltest du in einer sauberen Plastikbox parat haben: Verbandswatte oder Bandagierunterlage, Mullkompressen, Mullbinden, Wollbandagen, Verbandsschere.

Im Normalfall solltest du nicht selbst Verbände anlegen. Sinnvoll kann es aber in diesen Fällen sein:

- Das Pferd hat eine größere Wunde, die stark blutet. Bis zum Eintreffen des Tierarztes legst du einen Druckverband an: Nimm einen Packen Mullkompressen, drücke sie auf die Wunde und wickle straff eine Bandage drumherum. Keine Sorge, dadurch stirbt das Bein nicht ab!
- Befindet sich die Wunde am Körper, drückst du ebenfalls Kompressen oder ein sauberes Handtuch darauf und hältst es fest.
- Bei Erkrankungen wie einem Hufabszess muss täglich ein Hufverband erneuert werden. Das kannst du nach Anleitung des Tierarztes selbst machen.

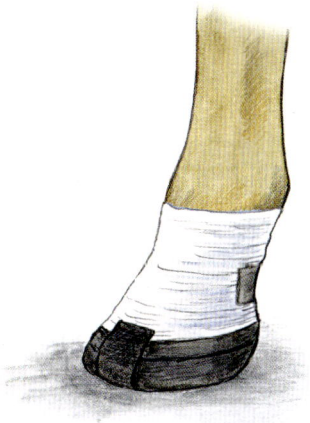

Hufverband

- Ebenso kannst du, falls nötig, einen Kühl- oder Stützverband bei geschwollenen Beinen anbringen. Auch das solltest du unter Anleitung geübt haben.

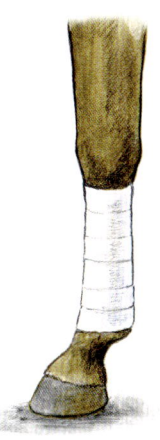

Stützverband

Hilfreich sind außerdem:
- Größere Plastikspritze: Damit kannst du dem Pferd flüssige Medikamente ins Maul verabreichen.
- Saubere Tücher, Handtuch: Nützlich zum abtupfen, auswischen, trocknen…
- Fieberthermometer: Praktisch ist ein digitales Thermometer, da es nicht so leicht zerbrechen kann und kürzere Messzeiten hat.
- Desinfektionsmittel z. B. Jodspray oder Jodseife: Damit kannst du Wunden auswaschen und säubern. Häufig verkauft werden auch Blau-/Silbersprays oder Puderspray. Ihre Wirkung ist umstritten, es schadet aber nicht, damit kleine Wunden abzudecken.
- Zinksalbe/Bepanthensalbe: Damit können kleine offene Wunden abgedeckt und gepflegt werden.
- Nützlich sind im Sommer außerdem Fliegen-, Mücken- und Bremsenabwehrsprays oder -lotionen; außerdem Sonnenmilch für empfindliche Pferdenasen!

Damit das Pferd gesund bleibt, muss es ab Fohlenalter regelmäßig geimpft und entwurmt werden. Durch die Impfungen ist das Pferd vor Influenza und Herpes (Viruserkrankungen mit Husten bzw. Atemwegserkrankung, Fehlgeburt) und tödlich verlaufenden Erkrankungen wie Tetanus und Tollwut geschützt. Die Tierarztkosten einer Hustenbehandlung betragen das Vielfache einer Impfung!

Tetanus, Influenza und Herpes sind zwingend notwendige Impfungen, die jährlich bzw. halbjährlich aufgefrischt werden müssen. Eine Tollwutimpfung ist sinnvoll, wenn in der Gegend Tollwutgefahr besteht. Dieser Impfschutz muss 1 x jährlich erneuert werden.

Genauso wichtig ist die Entwurmung des Pferdes. Ein starker Befall mit Würmern kann vor allem junge Tiere sehr krank machen. In schlimmen Fällen sterben sie sogar daran. Außerdem steigt bei massiver Verwurmung die Gefahr von Koliken.

Die Parasiten schädigen nicht nur den Magen-Darm-Trakt, sondern können auch Lunge, Leber und Blutgefäße angreifen.

Verhindern kann man die Aufnahme von Würmern nicht, denn ihre Larven und Eier befinden sich praktisch überall. Tägliches Mist-Absammeln von Weide und Paddock reduziert die Gefahr einer Infektion jedoch deutlich!

Äußerlich merkt man dem Pferd eine Wurmerkrankung oft nicht an, deshalb sollte regelmäßig der Kot des Pferdes untersucht werden. Fachleute empfehlen heute das »selektive Entwurmen«. Das Pferd bekommt nicht wie früher viermal jährlich eine Wurmkur mit wechselnden Mitteln, sondern anhand der Kotproben wird entschieden, ob entwurmt werden muss oder nicht. Wenn ja, wählt man ein wirksames Mittel gegen die jeweiligen Würmer. So soll verhindert werden, dass die Würmer gegen immer mehr Mittel resistent werden.

Die Wurmpaste wird dem Pferd ins Maul gespritzt. Die Menge richtet sich nach dem Körpergewicht des Tieres.

Nach einer Wurmkur dürfen die Pferde für einen Tag nicht auf die Weide.

Die Entwurmungspaste wird ins Maul gespritzt.

Wurmkur und Impfungen sollten nicht gleichzeitig stattfinden, sondern mit mindestens zwei Wochen Abstand.

Im Anschluss daran sollte das Pferd jeweils für zwei Tage nur schonend bewegt werden, da sowohl die Entwurmung als auch eine Impfung den Körper anstrengen.

Schon gewusst?

Für die Dosierung von Medikamenten ist es sehr hilfreich, das Gewicht des Pferdes zu kennen. Rein von der Optik her verschätzen sich selbst Fachleute oft. Du kannst eine mobile Pferdewaage an den Stall bestellen oder das Pferd in einer Klinik wiegen lassen.

Alternative Heilmethoden

Vor allem bei chronischen Krankheiten haben sich alternative Heilmethoden als erfolgreich herausgestellt. »Alternativ« meint hier, dass es sich um andere Behandlungsformen als in der normalen Schulmedizin handelt. Meist werden diese Methoden von Tierheilpraktikern oder Tiermedizinern mit einer Zusatzausbildung angewandt.

Homöopathie

Die Homöopathie wird auch bei Menschen angewandt. Sie möchte die Selbstheilungskräfte anregen und folgt dabei dem Grundsatz, dass Ähnliches durch Ähnliches geheilt wird. Der Patient bekommt eine stark verdünnte Arznei, die in hoher Konzentration ein ähnliches Leiden wie die akute Krankheit verursachen würde. Der Körper soll lernen, damit umzugehen und so geheilt werden. Homöopathische Mittel werden meist als Kügelchen oder Tropfen verabreicht.

Akupunktur

In China gibt es die Akupunkturbehandlung für Menschen (und für Tiere, vor allem Pferde)

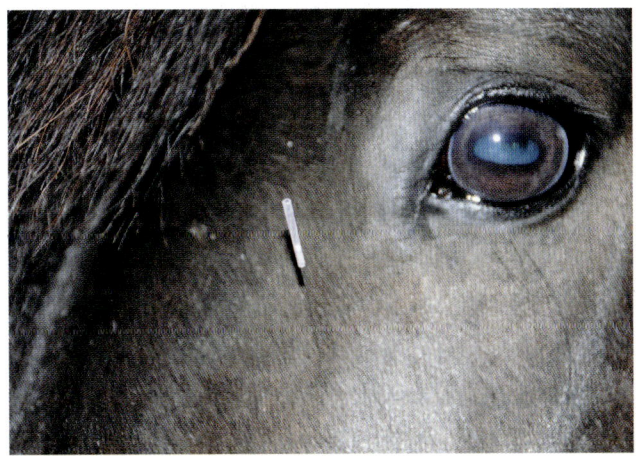

Mit feinen Nadeln wird der Energiefluss im Körper harmonisiert.

schon seit mehreren Tausend Jahren. Bei der Akupunktur werden dünne Nadeln in bestimmte Körperstellen gepikst, um den Energiefluss im Körper zu harmonisieren und die Selbstheilungskräfte anzuregen. Diese Nadelstiche tun nicht weh, sondern kribbeln nur. Akupunktur wird oft bei chronischen Krankheiten und Schmerzen, aber auch zur Gesundheitsvorsorge eingesetzt.

In der Osteopathie wird das Pferd mit den Händen untersucht und behandelt.

Osteopathie

Auch diese Behandlungsform kommt aus dem Humanbereich. Es handelt sich dabei um eine manuelle Therapie (= Behandlung mit den Händen), bei der mit sanften Bewegungen Blockaden gelöst werden. Schon geringe Bewegungseinschränkungen verursachen dieser Theorie zufolge nämlich Schäden an Nerven und Gefäßen, die wiederum zu anderen Erkrankungen führen können.

Das eigene Pferd

Ist das auch dein Traum? Ein Pferd, das nur dir allein gehört. Das du reiten kannst, wann immer du möchtest. Das du in den Stall deiner Wahl stellen kannst, wo es ihm richtig gut geht. Und vor allem: das dich an der Stimme erkennt und dir freudig entgegenwiehert.

Ganz klar: Es ist wunderschön, abwechslungsreich und aufregend, ein eigenes Pferd zu besitzen.

Bevor du nun aber deine Eltern löcherst, um ihre Zustimmung zu erhalten, solltest du genau wissen, worauf du dich einlässt. Ein eigenes Pferd bedeutet nämlich auch: viel Verantwortung, viel Zeit und jeden Monat hohe Kosten. Überlege dir auch, ob du dich überhaupt schon gut genug auskennst, um mehr oder weniger allein mit einem Vierbeiner zurechtzukommen.

Für das Pferd, für dich und auch für deinen Geldbeutel ist es in jedem Fall besser, du informierst dich genau – vor dem Pferdekauf!

So geht's auch: Reitbeteiligung oder Pflegepferd

Beides sind ideale Alternativen zu einem eigenen Pferd. Voraussetzung dafür: Du solltest kein absoluter Reitanfänger mehr sein, schließlich musst du auch in diesem Fall allein mit einem Pferd zurechtkommen – wenn auch nur für begrenzte Zeit.

Arbeit und Kosten teilen mit einer Reitbeteiligung

Pflegepferd

Frage im Reitstall oder bei Privatleuten nach, ob du ihnen ein- oder mehrmals pro Woche bei der Pferdepflege und / oder dem Stalldienst helfen kannst und dafür reiten darfst.

Reitbeteiligung

Angebote für Reitbeteiligungen findest du auf Pferdeseiten im Internet, in Kleinanzeigen in Zeitungen oder Pferdemagazinen oder am Schwarzen Brett von Reitställen. Bei einer Reit-beteiligung ist es üblich, sich mit einem festen monatlichen Betrag an den Kosten für die Stallmiete zu beteiligen. Ratsam ist auch ein Vertrag zwischen Reitbeteiligung und Pferdebesitzer. Hierin werden die Nutzung des Pferdes, die Kosten für die Reitbeteiligung und auch der Haftungsausschluss bei Unfällen geregelt. **Wichtig:** Als Reitbeteiligung musst du eine Unfallversicherung haben!

Im Internet findest du verschiedene Musterverträge zum Ausdrucken.

Vereinbare unbedingt vorab ein paar Probebesuche, um zu sehen, ob du mit dem Pferd zurechtkommst. Als Anfänger solltest du dir ein ruhiges, zuverlässiges Tier aussuchen. Ideal ist es, wenn du mit deinem Pflegepferd auch Unterricht nehmen darfst.

Ein netter Pferdebesitzer wird dir bestimmt auch noch einiges über Pferdehaltung und -pflege beibringen.

Bist du fest entschlossen, das Projekt »Eigenes Pferd« trotzdem in Angriff zu nehmen, lies dir vorab die nächsten Punkte genau durch.

Ein eigenes Pferd bleibt für viele trotzdem der größte Traum.

Gedanken vor dem Kauf

Zeitaufwand

Wie viel Zeit musst du für ein eigenes Pferd einplanen? Das hängt unter anderem davon ab, in welchem Stall du dein Pferd unterbringst.

In einem Pensionsstall werden dir einige Arbeiten wie Füttern und Misten abgenommen, dafür bezahlt man natürlich auch mehr.

Hältst du das Pferd in einem eigenen kleinen Stall (natürlich nicht allein, sondern mindestens zu zweit), ist der Zeitaufwand um einiges höher. Du musst mindestens zweimal täglich (morgens und abends) die Pferde füttern; dazu kommen das Ausmisten, die Pflege, das Reiten – fast ein Fulltime-Job. Vorteil: Man bekommt viel von den Pferden mit und lernt sie in allen Lebenslagen kennen. Außerdem kann man bezüglich Futter, Einstreu, Weidegang etc. alles selbst bestimmen.

In einem Pensionsstall gibt es hinsichtlich des Zeitaufwands ebenfalls noch mal Unterschiede.

Steht dein Vierbeiner in einem Boxenstall mit nur stundenweisem Weidegang, musst du jeden Tag in den Stall, um ihn zu bewegen – auch samstags und sonntags. Je nach Anfahrtszeit dauert ein Stallbesuch meist zwischen 1,5 und 3 Stunden.

Lebt dein Pferd dagegen in einem großen Offenstall mit viel Bewegungsmöglichkeit oder in einem Stall, in dem es den ganzen (!) Tag auf der Weide sein darf, ist es ausreichend, wenn du ca. 4 bis 5 Mal in der Woche kommst, um es zu pflegen und zu reiten.

Du siehst: Für ein eigenes Pferd brauchst du mindestens 10 bis 15 Stunden Zeit pro Woche. Da werden einige Treffen mit der Clique, Stadtbummel oder Schwimmbadbesuche ausfallen – Schule und Hausaufgaben gibt es schließlich auch noch. Auch auf manches andere Hobby wirst du verzichten müssen.

Beim Zeitfaktor solltest du auch bedenken, dass du ein Pferd in der Regel viele Jahre hast. Es ist kein Fahrrad, das du einfach in die Ecke stellen kannst, wenn es dir nicht mehr gefällt. Du übernimmst mit dem Kauf für lange Jahre die Verantwortung für ein Lebewesen, das von dir abhängig ist.

Kosten

Bei den Kosten denken viele erst mal nur an die Anschaffungskosten für das Pferd, also den Kaufpreis. Dieser ist abhängig von Rasse, Abstammung und Ausbildungsstand. Ein Freizeitpony oder -pferd wird ab ca. 3000 – 4000 Euro angeboten, für spezielle Rassen ist es oft noch einiges mehr. Für gut ausgebildete Dressur- und Springpferde muss man meist ab 10 000 Euro bezahlen, auch gute Westernpferde gibt es selten unter 6000 – 7000 Euro.

Ein Pferd kostet, nicht nur beim Kauf!

Kostet ein Pferd deutlich weniger, solltest du genau prüfen, ob es irgendwo einen Haken gibt. Neben dem Kaufpreis ist es aber mindestens genauso entscheidend, was du jeden Mo-

nat für dein Pferd zahlen musst – oft ergibt das im Jahr locker noch einmal die Kaufsumme.

Die Kosten für die Stallmiete sind allerdings ebenso wie der Zeitfaktor sehr unterschiedlich. Hier kommt es neben der Haltungsform auch darauf an, ob du in der Stadt oder auf dem Land lebst.

Im städtischen Umland sind die Kosten in der Regel deutlich höher, auch sind die Anfahrtswege meist weiter und damit teurer.

Je nachdem, ob du einen Offenstall, einen normalen Boxenstall, einen Stall mit Reitplatz oder sogar mit Reithalle wählst, wirst du in der Stadt mit monatlichen Haltungskosten von ca. 300–500 Euro rechnen müssen.

In ländlichen Gebieten wirst du auch Unterstellmöglichkeiten ab ca. 200 Euro finden. Für mehr Komfort wie z. B. eine Reithalle wirst du aber auch hier schnell 300 Euro zahlen.

Eine noble, gepflegte Stallanlage hat immer ihren Preis.

Die Kosten für die Pferdehaltung in Eigenregie lassen sich schwer verallgemeinern, da sie von vielen Faktoren abhängen (Pacht für Weiden, Stallgebäude, Futter …)

Egal welche Haltungsform du wählst: Hinzurechnen musst du immer noch die Kosten für Hufschmied, Impfungen, Wurmkuren …

Auch die Fahrtkosten solltest du berücksichtigen.

Wichtig: Ein Pferd kann sich immer mal verletzen oder krank werden. Für die Behandlung können unter Umständen hohe Tierarzt- oder Klinikkosten anfallen. Für solche Fälle solltest du Geld zurückgelegt haben, ca. 1500 Euro sind realistisch. Wenn du Glück hast, wirst du das Geld nie brauchen.

Kostentabelle

- Hufschmied, alle 6–7 Wochen
  Barhufpferd: Ausschneiden ca. 30–40 Euro
  Beschlag vorne mit Ausschneiden hinten:
  je nach Beschlag ca. 50–100 Euro
  Rundumbeschlag: ca. 100–180 Euro
- Wurmkuren: je nach Wirkstoff durchschnittlich ca. 14 Euro; im Jahr also ca. 50–60 Euro
- Impfungen (2 x jährlich): ca. 80 Euro im Jahr
- Pferdehaftpflichtversicherung: Solltest du unbedingt abschließen! Sie deckt Kosten ab, die das Pferd bei Unfällen, Stürzen o. Ä. verursachen kann.
  Beispiel: Das Pferd bricht von der Weide aus und läuft in ein Auto. Je nachdem, ob Personen betroffen sind, kann der Schaden in Millionenhöhe gehen! Deshalb auf ausreichende Schadensdeckungssumme achten. Auch kleinere Schäden, z. B. im Stall, sind damit abgedeckt.
  Die Pferdehaftpflicht kostet je nach Versicherung ab ca. 70 Euro im Jahr.
- Fahrtkosten: Wenn du in der Stadt wohnst und täglich mit Bus und Bahn zu deinem Liebling rausfährst, kommt einiges an Fahrtkosten zusammen. Da diese jedoch je nach Wohnort und Bundesland sehr unterschiedlich sind, kann hier kein Wert angegeben werden.

An wichtigen Ausrüstungsgegenständen fürs Pferd solltest du nie sparen.

All die oben genannten Kosten sind Fixkosten, bei denen du nichts sparen kannst. Sie fallen auf jeden Fall an. Die folgenden Kosten variieren und sind nicht zwingend.

- Reitunterricht: Mit eigenem Pferd ist es ratsam, regelmäßig, d. h. mindestens alle zwei Wochen, Reitunterricht zu nehmen. Sonst schleichen sich schnell Fehler ein, die du nachher nicht mehr allein korrigieren kannst.
  Kosten: Je nach Lehrer/Qualifikation, ob Gruppen- oder Einzelunterricht zwischen 15–50 Euro pro Stunde
- Pferdezubehör: Selbst wenn die teure Grundausstattung (Sattel und Zaumzeug) vorhanden ist, werden zwischendurch immer wieder kleinere Kosten auf dich zukommen: für ein neues Halfter, eine Abschwitzdecke, einen neuen Zügel, Gamaschen, eine neue Satteldecke…
  Überlege dir, was du wirklich brauchst, und kaufe dann gute Qualität, die lange hält.
- Viel Geld kannst du auch für Futtermittel ausgeben. Lies hierzu noch einmal das Futterkapitel. Weniger ist oft besser!
- Reiterzubehör: Wenn du viel reitest und dich oft im Stall aufhältst, brauchst du funktionsfähige, praktische Kleidung. Es bringt nichts, billige Sachen zu kaufen, da sie schnell ausleiern, kaputtgehen, zu warm oder zu kalt sind. Außerdem müssen sie häufiges Waschen aushalten.

Eltern überzeugen

Voraussichtlich werden deine Eltern von deinen Pferdekauf-Plänen erst mal nicht begeistert sein – außer sie reiten selbst.

Um die Eltern vom Pferdekauf zu überzeugen, brauchst du gute Argumente.

Wichtige Voraussetzungen, damit deine Eltern deinen Wunsch nicht als kompletten Irrsinn empfinden:

- Du solltest dich schon länger für Pferde und Reiten interessieren, sonst halten deine Eltern dein Interesse wahrscheinlich für ein Strohfeuer.
- Sind deine Schulnoten okay? Das ist für Eltern meist ein wichtiger Punkt.

Wahrscheinlich kommt es trotzdem zu Diskussionen. Hier ein paar gute Argumente für dich:

- Durch ein eigenes Pferd lernst du, Verantwortung zu übernehmen und Entscheidungen zu treffen.
- Die Sorge für ein eigenes Pferd trainiert Disziplin und Durchhaltevermögen.
- Durch das Pferd bist du oft draußen in der Natur und beschäftigst dich mit sinnvollen Dingen – statt jeden Nachmittag shoppen oder ins Kino zu gehen.

Reagieren deine Eltern trotzdem ablehnend, fange nicht an herumzuschreien und zu heulen, sondern bleibe sachlich. Damit wirst du sie garantiert mehr beeindrucken.

Außerdem solltest du dich vorab bezüglich Pensionsstall etc. erkundigen und eine realistische Kostenaufstellung machen, die du mit deinen Eltern besprichst. So zeigst du ihnen, dass du dich ernsthaft mit dem Thema auseinandersetzt. Du kannst auch anbieten, auf Taschengeld zu verzichten oder in den Ferien zu jobben, um etwas Geld dazuzuverdienen.

Können deine Eltern die Kosten beim besten Willen nicht übernehmen, musst du dich von deinen Plänen erst mal verabschieden. Wenn du später selbst Geld verdienst, kannst du wieder über einen Pferdekauf nachdenken.

Eine Alternative wäre, ein Pferd zusammen mit einer Freundin zu kaufen und die Kosten zu teilen. Das funktioniert aber nur bei ganz genauen Absprachen!

Du kannst dir auch eine Reitbeteiligung suchen, die einen Teil der Kosten übernimmt. Dieses Geld solltest du allerdings nicht von vornherein fest einplanen. Zum einen musst du erst mal eine passende Beteiligung finden, zum anderen kann es sein, dass sie bald wieder abspringt oder ihr euch zerstreitet.

Ein eigenes Pferd bedeutet auch Verantwortung.

Welches Pferd für wen?

Dies ist natürlich der wichtigste Punkt. Er kommt absichtlich weiter hinten, weil du dir vor dem Kauf die Fragen nach Zeit und Kosten genau überlegen und ehrlich beantworten solltest.

Du bist zu dem Schluss gekommen, dass du die Verantwortung für ein Tier übernehmen willst, und konntest auch deine Eltern davon überzeugen? Herzlichen Glückwunsch, dann bist du bald stolze Pferdebesitzerin!

Vielleicht hast du sogar schon dein Traumpferd im Auge? Ideal ist es, wenn du das Pferd schon kennst, z.B. aus der Reitschule oder als Pflegepferd. Dann weißt du, was dich erwartet.

Du fängst erst an zu suchen? Dann solltest du ein paar Dinge berücksichtigen, damit du und dein Vierbeiner ein tolles Team werdet.

Grundsätzlich solltest du dir als Anfänger oder leicht fortgeschrittener Reiter kein junges, unerfahrenes Pferd kaufen. Das ist nur etwas für langjährige Reiter, die ein Pferd selbst weiter ausbilden können.

Ideal ist ein Pferd ab ca. 6 oder 7 Jahren mit einer soliden Ausbildung.

Auch sollte das Pferd für einen Anfänger nicht hoch im Blut stehen wie etwa Araber, Vollblüter oder Andalusier. Sie sehen natürlich wunderschön aus, aber ein unruhiger Sitz oder ungeschickte Zügelführung können solche Pferde schnell verderben.

Ob Stute oder Wallach spielt in reiterlicher Hinsicht keine Rolle, mit einer Stute kannst du allerdings eventuell später züchten.

Einen Hengst solltest du dir nicht anschaffen, auch das ist nur etwas für Profis. Außerdem brauchen Hengste spezielle Haltungsbedingungen und nicht jeder Stall nimmt Hengste auf.

Feurige Traumpferde sind für Anfänger meist ungeeignet.

Wichtig ist auch die passende Größe. Bist du selbst nur 1,4 m oder 1,5 m groß, ist ein Pferd mit 1,6 m Stockmaß oder mehr eher nicht geeignet.

Andererseits solltest du dir kein zu kleines Pony kaufen, das du nur 1–2 Jahre reiten kannst, bevor du ihm entwachsen bist. Ein Stockmaß zwischen 1,4 und 1,5 m ist für Jugendliche ideal, auch leichte Erwachsene können Pferde dieser Größe sehr gut reiten.

Und welche Rasse soll es sein? Wie du weißt, gibt es sehr viele verschiedene Pferderassen. Hier den Überblick zu bewahren, ist nicht ganz leicht. In erster Linie kommt es darauf an, wie gut du bereits reiten kannst und was du mit dem Pferd machen möchtest.

Du bist noch Anfänger?

Für dich eignen sich besonders ruhige Pferderassen wie Fjordpferde, Haflinger, Tinker und manchmal auch Isländer, wobei manche von ihnen sehr temperamentvoll sind. Für große Reiter kommen auch Kaltblutrassen infrage.

Die meisten Haflinger sind ideale Kinderreitponys.

All diese Tiere sind meist ausgeglichen und verzeihen ihren Reitern manchen Fehler. Das heißt aber nicht, dass man sich einfach draufsetzen und losreiten kann. Auch sie brauchen eine gute Ausbildung und regelmäßiger Unterricht ist zu empfehlen. Ruhige Pferde bocken bei Fehlern vielleicht nicht gleich los, dafür könnten sie irgendwann einfach stehen bleiben oder nur noch das tun, wozu sie Lust haben.

Du bist ein sicherer Reiter, gehst gerne ins Gelände und reitest ab und zu Dressur?

Für dich eignen sich besonders Araber und deutsche oder englische Reitponys (Welsh, Connemara). Diese Pferderassen sind ausdauernd, sensibel und bewegen sich gern.

Als Reiter solltest du einen sicheren Sitz haben und dich vor einem Hüpfer oder einem flotten Galopp nicht gleich erschrecken. Auch darfst du nicht zu groß und schwer sein; mehr als 50–60 kg können diese Rassen nicht tragen.

Du möchtest Dressur reiten und an Turnieren teilnehmen?

Hier empfehlen sich ebenfalls Reitponys oder auch manche Araberlinien. Warmblutrassen wie Holsteiner, Westfalen oder Oldenburger sind für junge Reiter meist zu groß.

Willst du in Richtung klassische Dressur gehen, kommen für dich auch Andalusier, Lipizzaner oder Friesen infrage. Aber auch sie solltest du nur kaufen, wenn du ein fortgeschrittener Reiter und körperlich groß genug bist.

Turnierponys sind meist spritzig und temperamentvoll.

Du willst Springturniere reiten?

Hier kommen ebenfalls die vielseitigen deutschen Reitponys infrage; talentierte »Springer« sind auch Connemaraponys.

Du möchtest Westernreiten?

Klassische Westernpferde sind Quarterhorses, Pintos und Appaloosas oder Criollos. Diese Pferde sind kompakt, kräftig, wendig und nervenstark. Dank dieser Eigenschaften sind sie auch für noch nicht so geübte Reiter geeignet.

Natürlich kannst du auch (fast) jede andere Rasse im Westernreitstil ausbilden, wenn du möchtest, allerdings dürfen sie auf manchen Turnieren nicht starten.

Westernpferde sollten ruhig und ausgeglichen sein.

Grundsätzlich ...

Die meisten Pferderassen kann man für unterschiedliche Disziplinen einsetzen, solange man keine Höchstleistungen von ihnen fordert. Rassen wie Haflinger, Fjordpferde, Araber, Reitponys, leichte Warmblüter oder auch Rassemixe sind meist Allround-Pferde, die sowohl unter dem Dressur- als auch unter dem Spring- oder Westernsattel eine gute Figur machen. Man kann sie außerdem vor die Kutsche spannen oder mit ihnen ins Gelände reiten. Stärker spezialisierte Rassen wie Andalusier, Isländer, Friesen oder Quarterhorses eigen sich z. B. zum Springen nur noch bedingt, aber auch hier gibt es innerhalb der Rassen unterschiedliche Ausprägungen.

Wichtig ist letztlich nicht die Rasse, sondern Charakter und Körperbau des einzelnen Pferdes. Der Vierbeiner sollte dir spontan gefallen und du musst gut mit ihm zurechtkommen.

Pferdekauf: Wo und wie?

Der Kauf eines Pferdes ist eine weitreichende Entscheidung, die gut überlegt werden sollte.

Hast du ein Pferd gefunden, das in die engere Wahl kommt, solltest du es unbedingt ein zweites Mal zusammen mit einem Fachmann, z. B. deinem Reitlehrer, ansehen. Als Laie hast du zu wenig Ahnung, um das Gebäude und die Gänge des Pferdes fachgerecht zu beurteilen, auch Mängel fallen einem Profi schneller auf.

Ganz wichtig ist das Probereiten. Bevor du selbst in den Sattel steigst, lasse dir das Pferd einmal vom Besitzer oder Züchter vorreiten. Dann kannst du es von unten beobachten und siehst, wie es sich beim Reiten verhält. Ideal ist es, wenn auch dein Reitlehrer ein paar Runden reitet. Er wird schnell herausfinden, was das Pferd wirklich kann und wie kooperativ es ist.

Vor dem Kauf sollte das Pferd zusätzlich von einem erfahrenen Reiter Probe geritten werden.

Sattle danach das Pferd selbst ab und putze es. Ist es dabei brav und umgänglich? Führe es über den Hof. Lässt es sich gut regulieren?

Beobachte das Pferd auch auf der Weide und in seiner Box. Zeigt es Verhaltensauffälligkeiten wie Weben oder Koppen? Ist es verträglich mit anderen Pferden?

Hast du von dem Pferd einen rundum positiven Eindruck, fehlt jetzt nur noch die Untersuchung durch den Tierarzt, um mögliche Gesundheitsschäden auszuschließen.

Die Ankaufsuntersuchung

Bevor der Kaufvertrag unterzeichnet wird, solltest du unbedingt eine Ankaufsuntersuchung von einem Tierarzt deiner Wahl machen lassen. Er wird das Pferd von Kopf bis Huf genau begutachten.

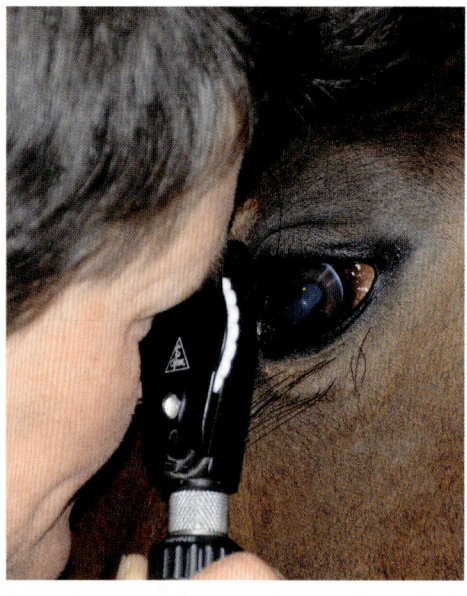

Der Tierarzt macht eine gründliche Ankaufsuntersuchung.

Der Tierarzt prüft den Futterzustand, beurteilt Fell- und Hautbeschaffenheit, untersucht Augen, Maul, Gebiss und die Geschlechtsorgane. Herz und Lunge werden abgehört und die Beine sorgfältig abgetastet. Um die Gänge zu beurteilen, wird das Pferd im Schritt und Trab vorgeführt. Ein Belastungstest und eine anschließende Puls- und Atemkontrolle runden die Untersuchung ab.

Bei teuren Turnierpferden können zusätzlich noch Röntgenaufnahmen von den Beinen und vom Rücken gemacht werden (auch TÜV genannt).

Sinnvoll ist auch eine Blutuntersuchung auf Medikamentenrückstände (Dopingprobe). Nicht selten werden Verkaufspferde mit schmerzstillenden Mitteln fit gemacht, sodass chronische Lahmheiten plötzlich wie weggeblasen sind!

Wo findest du verkäufliche Pferde?

- Tageszeitungen: Unter der Rubrik »Tiermarkt« werden Pferde und Ponys aus der näheren Umgebung zum Kauf angeboten.
- Pferdefachzeitschriften: Die meisten haben einen Anzeigenteil mit Verkaufsangeboten.

Pferdekauf ist Vertrauenssache!

Je nach Ausrichtung der Zeitschrift findest du dort Turnier- oder Freizeitpferde oder bestimmte Rassen.

- Spezielle Zeitschriften nur mit Pferdeverkaufsanzeigen: z. B. die Pferdebörse oder der Pferdemarkt.
- Internet: Hier gibt es zahllose Webseiten, auf denen Pferde zum Verkauf angeboten werden.
- Gestüte: Viele haben eigene Webseiten, auf denen die verkäuflichen Pferde vorgestellt werden.
- Handelsställe: Hier werden ständig Pferde angekauft, ausgebildet und weiterverkauft, oft wird auch auf spezielle Kundenwünsche eingegangen.

Außerdem kannst du auch deinen Reitlehrer, den Hufschmied oder Tierarzt fragen, ob sie einen Tipp haben. Sie kommen in vielen Ställen herum und wissen, wer ein Pferd verkaufen möchte.

Achte darauf, dass der mögliche Kandidat nicht zu weit entfernt steht. Bei stundenlanger Anfahrt wirst du kaum ein zweites oder drittes Mal mit deinen Eltern dorthin fahren.

Pferdeverkäufer

Ein Pferd kaufst du entweder bei einem Züchter, bei Privatleuten oder einem Pferdehändler.

Aber bei wem solltest du am besten kaufen? Pauschal lässt sich das so nicht beantworten. Es gibt in jeder Sparte ehrliche und unehrliche Menschen.

Grundsätzlich sollte dir bewusst sein, dass beim Pferdeverkauf leider öfter geschummelt oder sogar handfest betrogen wird. Das ist übrigens nichts Neues, schon in früheren Jahrhunderten kannte man den Begriff des »Rosstäuschers«.

Pferdekauf ist immer auch Vertrauenssache, denn in den meisten Fällen wirst du nicht nachprüfen können, wie das Pferd bisher gepflegt und behandelt worden ist.

Ist es seit Fohlenalter gut gefüttert und regelmäßig beim Tierarzt und Hufschmied vorgestellt worden? Hat es schlechte Erfahrungen im Umgang mit Menschen gemacht?

Bei der Beantwortung dieser Fragen musst du dich auf die Angaben des Verkäufers verlassen. Gerade noch belegen lassen sich die Impfungen, da sie in den Pferdepass eingetragen werden. Andere Dinge wie regelmäßige Hufpflege und Entwurmung, gutes Futter, viel Weidegang und eine fachgerechte Ausbildung sind meist nicht nachweisbar.

Ist in diesen Punkten geschlampt worden, kann sich das negativ auf die Gesundheit und

die Psyche des Pferdes auswirken. Leider wird das auch von einem Fachmann nicht unbedingt auf den ersten Blick festgestellt. Deshalb ist es ganz wichtig, dass du einen guten Eindruck von dem Verkäufer hast. Er sollte dir zu allen Fragen bereitwillig Auskunft geben.

Schon gewusst?

In manchen Städten gibt es noch Pferdemärkte, auf denen die Tiere direkt zum Verkauf angeboten werden. Hiervon solltest du die Finger lassen. Die Herkunft und Vorgeschichte der Pferde dort sind oft unklar, außerdem kann man sie auf dem Markt nicht vernünftig Probe reiten. Ein Tierarzt für eine Ankaufsuntersuchung ist meist auch nicht zur Stelle.

Aufschlussreich ist übrigens immer ein Blick in den Stall, egal ob bei Züchtern oder Pferdehändlern. Macht alles einen ordentlichen Eindruck, sind auch die anderen Pferde gut genährt und gesund? Dann kann es keine ganz schlechte Adresse sein.

Wo findet man nun seriöse Verkäufer? Hat man eine bestimmte Rasse im Blick, ist der jeweilige Zuchtverband ein zuverlässiger Ansprechpartner. Die Züchter, die hier Mitglied sind, richten sich nach den jeweiligen Zuchtkriterien und lassen ihre Tiere von Prüfungskommissionen begutachten.

Bei Privatleuten, die ihr Pferd verkaufen, kannst du nach Sympathie gehen. Der Verkäufer sollte dir möglichst viel über die Vergangenheit des Vierbeiners erzählen können.

Bei Pferdehändlern gibt es große Unterschiede. Manche bieten sehr günstige Tiere an, deren Herkunft nicht immer klar ist. Häufig sind es Importpferde, die in ihrem Heimatland ausgemustert wurden. Von einem solchen Kauf ist eher abzuraten. Demgegenüber gibt es Händler, die hochwertige Sportpferde vermitteln. Allerdings übersteigen diese oft das Budget von Normalreitern.

Kaufvertrag

Ein Pferdekauf muss unbedingt vertraglich geregelt werden. Muster für Kaufverträge findest du im Internet. Um sicherzugehen, dass keine wichtigen Vereinbarungen vergessen wurden, kannst du auch vom Rechtsanwalt einen Vertrag aufsetzen lassen.

Auf einem Rossmarkt solltest du kein Pferd erwerben!

Rückgaberecht

Seit 2002 gilt ein neues Pferdekaufrecht. Es besagt, dass der Käufer das Pferd bis zu zwei Jahre nach dem Kauf zurückgeben kann, wenn es Mängel aufweist, die bereits zum Verkaufszeitpunkt bestanden haben. Genau hier liegt aber der Knackpunkt. Es hat sich nämlich herausgestellt, dass es für den Käufer sehr schwierig ist, nachträglich nachzuweisen, dass ein Mangel bereits beim Kauf bestand.

Im Kaufvertrag sollte deshalb genau festgehalten werden, in welchem Gesundheitszustand das Pferd sich befindet (Ankaufsuntersuchung!) und welchen Ausbildungsstand es besitzt.

Der richtige Stall

Meist musst du ein Pferd nicht sofort nach dem Kauf mit nach Hause nehmen – auch wenn du das sicher am liebsten tun würdest. Hast du dich denn schon um ein neues Zuhause für deinen Liebling gekümmert? Die Suche nach dem passenden Stall kann länger dauern, deshalb schadet es nicht, sich rechtzeitig umzusehen.

Heute gibt es fast überall in Deutschland ein recht großes Angebot an Unterstellmöglichkeiten für Pferde, auch viele ehemalige Bauern haben dies als lukratives Geschäft entdeckt. Doch längst nicht jeder Stall wird für dich infrage kommen. Vermeide spontane Entschlüsse, sondern prüfe lieber anhand unserer Checklisten, ob der Stall wirklich deine Vorstellungen erfüllt. Schließlich willst du länger dort bleiben und nicht nach einem halben Jahr schon wieder mit deinem Pferd umziehen.

Das grundlegende Kriterium ist zunächst die Erreichbarkeit. Da du dein Pferd ja möglichst oft besuchen willst, darf der Stall nicht zu weit weg sein. Am besten ist natürlich, du kannst mit dem Fahrrad hinfahren, vielleicht gibt es aber auch einen Bus oder eine S-Bahn, die in der Nähe halten. Ungünstig ist es, wenn deine Eltern immer Chauffeur spielen müssen, darauf haben sie bestimmt bald keine Lust mehr.

Hast du einen Stall in der Nähe gefunden, sieh ihn dir genau an. Sprich mit dem Stallbetreiber und lass dir alles zeigen und erklären. Frage auch andere Pferdebesitzer: Wie lange

Der passende Stall macht nicht nur dich, sondern auch dein Pferd glücklich!

sind sie schon in dem Stall, sind sie zufrieden? Fahre ruhig ein zweites oder drittes Mal hin, auch mit deinen Freunden oder Eltern – vier Augen sehen mehr als zwei.

Damit dein Pferd sich in seinem neuen Zuhause wohlfühlt, sollte der Stall folgende Bedingungen erfüllen:

Checkliste Offenstall

- Ist die Auslauffläche groß genug (auch im Winter) und bietet Rückzugsmöglichkeiten?
- Gibt es befestigte Plätze, sodass die Pferde nicht den ganzen Tag im Matsch stehen müssen?
- Gibt es genügend Unterstell- und Ruheflächen für die Tiere? (Faustformel: Widerristhöhe^2 x 2,5) Sind diese sauber eingestreut oder mit Gummimatten ausgelegt?
- Gibt es genügend Fressplätze, sodass auch rangniedrige Pferde immer in Ruhe fressen können?
- Haben die Pferde ständig Zugang zu Raufutter?
- Riechen Heu und Stroh frisch? Gibt es Kraftfutter nach Wahl?
- Gibt es im Sommer genügend und ausreichend große Weideflächen?
- Gibt es einen überdachten Putzplatz, sodass du dein Pferd auch bei schlechtem Wetter putzen kannst?

Kannst du alle Fragen mit Ja beantworten, hast du wahrscheinlich einen prima Offenstall gefunden.

Checkliste Boxenstall

- Ist der Stall hell, sauber und gut belüftet?
- Werden die Boxen täglich ausgemistet und frisch eingestreut?
- Sind die Boxen ausreichend groß? Die Formel für die Mindestgröße lautet: (Widerristhöhe x 2)^2

Boxenstall mit Aussicht

- Werden die Pferde zwei- bis dreimal am Tag gefüttert und bekommen ausreichend Heu und Stroh (siehe Füttern)?
- Gibt es ein Fenster nach draußen oder einen angrenzenden Paddock?
- Ganz wichtig: Gibt es für die Pferde ausreichend große Weideflächen und Ausläufe für Sommer *und* Winter?
- Kommen die Pferde jeden Tag bei jedem Wetter mehrere Stunden in Gruppen nach draußen?

Musst du ein oder mehrere Fragen mit Nein beantworten, sieh dich lieber nach einem anderen Stall um. Dein Pferd wird hier nicht glücklich.

In beiden Haltungsformen sollte es außerdem einen abschließbaren Spind oder eine abschließbare Sattelkammer für dein Sattel- und Putzzeug geben. Zusätzliche Extras wie ein Waschplatz, ein Pferdesolarium oder eine Führanlage sind zwar praktisch, aber nicht unbedingt notwendig.

Je nachdem, was du mit deinem Pferd machen möchtest, solltest du auch die restliche Reitanlage und die Umgebung genau in Augenschein nehmen.

Du willst viel ausreiten?

Wie sieht die nähere Umgebung aus? Grenzen direkt an den Stall Feld-, Wald- und Wiesenwege, auf denen das Reiten erlaubt ist? Oder musst du erst kilometerweit über Asphaltwege reiten und gefährliche Straßen überqueren, um zu einem Reitweg zu kommen? Das ist eher nicht geeignet.

Du willst ab und zu etwas Dressur reiten oder springen?

Dann sollte der Stall einen beleuchteten Allwetter-Reitplatz haben, der auch nach Regenfällen bereitbar ist, oder eine Reithalle mit den

Ein großer Reitplatz mit Turniermaßen

Mindestmaßen 20 x 40 m. Eine Reithalle hat den Vorteil, dass du das Pferd auch bei schlechtem Wetter oder wenn es draußen dunkel ist dressurmäßig reiten kannst.

Manche Ställe haben auch einen extra Longierzirkel oder einen Roundpen. Das ist prima, denn so störst du beim Longieren keine anderen Reiter.

Du willst auf Turnieren starten?

Dann sollte der Stall auf jeden Fall eine Reithalle haben, da du sonst im Winter zu wenig trainieren kannst.

Wenn du Springreiten willst, ist zusätzlich ein Grasspringplatz von Vorteil.

In der Reithalle kannst du jeden Tag trainieren.

Nicht zuletzt kommt es natürlich auch auf den Preis an. Superställe kosten meist auch superviel. Manchmal muss man dann Abstriche machen und z. B. auf die Reithalle verzichten. Vielleicht ist ja auch eine andere Halle in der Nähe, die du im Winter mitbenutzen darfst?

Reiten als Sport

In den letzten Jahrzehnten ist das Interesse am Reitsport beständig gewachsen, immer mehr Menschen steigen selbst in den Sattel oder besuchen Turniere, Rennen, Pferdeshows oder -messen.

Was fasziniert uns so am Sportler Pferd? Zum einen sind es sicher die erstaunlichen Leistungen, die die Vierbeiner vollbringen: Sie laufen 160 km an einem Tag, rasen mit 60 km/h über Rennbahnen, überspringen Mauern, die über zwei Meter hoch sind, oder vollführen anmutige Dressurlektionen. Bei alldem sind sie trotz ihrer Größe und Kraft sanftmütig, verspielt und kooperativ.

Bei aller Begeisterung dürfen wir unsere Verantwortung nie vergessen. Pferde haben keine Wahl und werden nicht gefragt, ob sie das, was von ihnen verlangt wird, gerne tun. Sie sind von uns abhängig und müssen deshalb sorgfältig auf ihre Aufgaben vorbereitet werden, damit sie sie ohne Schaden meistern können.

Sportler auf vier Hufen

Dressur

Das Dressurreiten ist neben dem Springen eine der beliebtesten Pferdesportarten. Das Pferd vollführt in der Dressur verschiedene Übungen und Schrittfolgen in den drei Grundgangarten Schritt, Trab und Galopp. Es soll sich dabei schwungvoll und versammelt präsentieren und gehorsam auf die möglichst unauffälligen Hilfen des Reiters reagieren.

Eine Dressurreiterin auf dem Turnier

Auf Turnieren sind die Prüfungen je nach Schwierigkeitsgrad in verschiedene Klassen unterteilt: von E wie Einsteiger über A (Anfänger), L (leicht), M (mittel) bis S (schwer). Die Ausführung der einzelnen Lektionen wird von Richtern mit Punkten von 0–10 bewertet, der Reiter mit der höchsten Punktzahl gewinnt.

Manche halten die Bewegungen des Dressurpferdes für unnatürlich oder andressiert, aber das sind sie nicht. Allen Lektionen liegen natürliche Bewegungsabläufe des Pferdes zugrunde, die es in bestimmten Situationen auch frei auf der Weide zeigt. In der Dressurausbildung werden diese Bewegungen lediglich verfeinert und abrufbar gemacht.

Die grundlegende Dressurarbeit ist kein Selbstzweck, sondern sie kräftigt und lockert das Pferd, sodass es überhaupt erst in der Lage ist, einen Reiter ohne Schäden zu tragen. Deshalb sollte jedes Reitpferd, egal in welcher Disziplin, eine Dressurausbildung durchlaufen.

Bis zu den höchsten Dressurklassen kann die Ausbildung 6–7 Jahre dauern, denn für die schwierigen Übungen braucht das Pferd sehr viel Kraft und Konzentration.

Die Rollkur ist keine angemessene Trainingsmethode!

Das Üben sollte nie mit Zwang geschehen. Moderne »Trainingsmethoden« wie die Rollkur oder Hyperflexion, bei der dem Pferd der Kopf ständig bis auf die Brust oder zur Seite gezogen wird, sind auf jeden Fall abzulehnen.

Springreiten ist als Pferdesport umstritten.

Die deutschen Dressurreiter gehören weltweit zu den erfolgreichsten, sie gewannen mehrmals Olympische Spiele und Weltmeisterschaften. Bekannte deutsche Dressurreiter waren oder sind z. B. Dr. Rainer Klimke, Heike Kemmer oder Isabell Werth.

Springen

Springreiten ist spektakulär und spannend und deshalb bei Zuschauern äußerst beliebt.

Beim Springreiten müssen Pferd und Reiter einen Parcours mit künstlichen Hindernissen in einer vorgegebenen Zeit bewältigen. Macht das Paar dabei einen Fehler und wirft eine Stange ab oder landet im Wassergraben, gibt es Strafpunkte, ebenso bei einer Verweigerung vor einem Hindernis oder Zeitüberschreitung. Der Reiter mit der niedrigsten Fehlerpunktzahl gewinnt.

Sind mehrere Reiter punktgleich, gibt es ein sogenanntes Stechen um den Sieg, und es findet ein zweiter Durchlauf über einen verkürzten Parcours statt.

Der schnellste Reiter mit den wenigsten Fehlern ist dann der endgültige Sieger.

Neben den normalen Springprüfungen, die wie in der Dressur in die Klassen E-S unterteilt werden, gibt es auch noch Stilspringen, in denen vor allem Sitz und Hilfengebung des Reiters sowie Springmanier des Pferdes bewertet werden.

Eher selten ist das Mächtigkeitsspringen, bei dem die Pferde nur 2–3 Hindernisse überwinden müssen, die aber ständig erhöht werden. Eine zweifelhafte Disziplin, da Pferde sich dabei schwer verletzen können.

Tierschützer kritisieren generell das Springreiten, da Pferde ihrer Meinung nach körper-

lich nicht dazu geschaffen sind. In der Natur ist es tatsächlich so, dass Pferde Hindernisse lieber umlaufen als überspringen.

Zur Kritik beigetragen haben auch verbotene Trainingsmethoden im Springsport wie zum Beispiel das Barren (dabei wird dem Pferd über dem Sprung eine Stange gegen die Beine geschlagen, beim nächsten Sprung wird es die Beine höher ziehen) oder das Einreiben der Pferdebeine mit scharfen Substanzen, sodass eine Berührung mit den Stangen schmerzt.

Die meisten Reiter trainieren ihre Pferde jedoch sorgfältig und verantwortungsvoll.

Deutsche Springreiter sind international erfolgreich, bekannte Vertreter waren oder sind zum Beispiel Hans Günther Winkler, Otto Becker oder Meredith Michaels Beerbaum.

Vielseitigkeit

Die Vielseitigkeit (früher Military) ist für viele die Königsdisziplin, denn hier müssen Reiter und Pferd an drei aufeinander folgenden Tagen eine Dressurprüfung, eine Geländeprüfung und zum Abschluss eine Springprüfung bestreiten.

Die Geländeprüfung ist das Herzstück der Vielseitigkeit. Sie beinhaltet eine Wegestrecke und eine Querfeldeinstrecke über eine Reihe fester Hindernisse wie Baumstämme, Erdwälle, Wassergräben etc. Die Hindernisse sind nicht besonders hoch, befinden sich jedoch oft in schwierigen Geländepassagen und geben bei Fehlern des Pferdes nicht nach, was zu schweren Stürzen führen kann – mitunter mit tödlichem Ausgang. Dies hat der Vielseitigkeit einen umstrittenen Ruf eingebracht. Ursprünglich geht diese Disziplin auf die Militärreiterei zurück. Bis in die 90er-Jahre hinein waren die Geländeprüfungen oft sehr lang und schwierig. Früher galten sie als eine Art Abschlussprüfung für Reiter und Pferd nach der Kavallerieausbil-

dung und waren ein wichtiges Kriterium für die Auswahl von Zuchtpferden. Nur die Besten bewältigten die hohen Anforderungen.

Heute bemühen sich die Veranstalter, die Strecken zu entschärfen, sodass weniger Unfälle passieren. Schutzkleidung wie Sturzhelm und -weste sind obligatorisch. Offensichtlich überforderte Reiter werden aus dem Rennen genommen. Hinzu kommen Verfassungsprüfungen, in denen überprüft wird, wie fit das Pferd nach der Geländeprüfung ist. Zeigt es große Erschöpfung oder Lahmheit, wird es aus der Wertung genommen. Die Reiter müssen also die Kräfte ihres Pferdes gut einteilen.

Im Gelände werden feste Hindernisse übersprungen.

Vielseitigkeitspferde haben meist einen hohen Vollblutanteil, da sie ausdauernd galoppieren müssen.

Bekannte deutsche Vielseitigkeitsreiter sind Ingrid Klimke, Frank Ostholt und Bettina Hoy.

Jagdreiten hat eine lange Tradition.

Jagdreiten

Herbstzeit ist Jagdzeit. Zwar ist der Jagdsport zu Pferde in Deutschland längst nicht so populär wie in England oder Frankreich, doch auch hierzulande gibt es immerhin ungefähr 10 000 regelmäßige Jagdreiter.

Das Jagen zu Pferde hinter einer Hundemeute her hat eine lange Tradition. Früher diente sie natürlich zur Nahrungsbeschaffung, später war sie Zeitvertreib für Adelige, und in der Kavallerie diente die Jagd dazu, Reiter und Pferde für schnelle Geländeritte zu schulen.

Auf den sogenannten Schleppjagden werden keine Tiere getötet, dies ist schon seit den 30er-Jahren verboten.

Stattdessen spürt die Hundemeute einer künstlichen Duftfährte nach, die ein Reiter vorab mit einem Tropfkanister quer durch das Gelände gelegt hat.

Für die Jagd muss man ein geübtes, ausdauerndes Geländepferd haben und fest im Sattel sitzen. Es geht 10–20 km weit im Galopp über Felder, Wiesen und Wege, über Natursprünge wie Gatter, Mauern oder Tore. Dazwischen gibt es Schrittpausen.

Die Jagdreiter werden in mehrere Felder unterteilt. Vorne befinden sich die geübten Reiter, weiter hinten gibt es meist ein Nichtspringer-Feld, das die Hindernisse auslässt. Bei der Jagd ist es wichtig, sein Pferd stets an seiner Position zu halten und den Vordermann nicht zu überholen.

Jagdreiter tragen oft rote Jacketts, damit sie im Nebel besser gesehen werden.

Abgeschlossen wird die Jagd durch das Halali auf einem freien Feld: die Jagd der besten Teilnehmer nach einem an der Schulter eines Reiters befestigten Fuchsschwanz.

Jagdreiten ist in Norddeutschland übrigens verbreiteter als in Süddeutschland.

Distanzreiten

Bei Distanzritten legen Reiter und Pferd eine bestimmte Strecke in einer möglichst kurzen Zeit zurück. Unterwegs wird (mit Pausen) fast durchgängig getrabt oder galoppiert. Der schnellste Reiter gewinnt – allerdings nur, wenn sein Pferd fit ins Ziel kommt.

Es gibt Ritte von 25 – 35 km (Einführungsritte), 60 – 80 km (Mittelstrecke) bis 160 km (Langstrecke).

Distanzreiterinnen unterwegs

Distanzreiten ist vermutlich eine der ältesten Reitsportarten. Schon in früher Geschichte wurden weite Entfernungen mit Pferden überbrückt. Zu Beginn des letzten Jahrhunderts gab es die ersten offiziellen Distanzritte, allerdings über unglaublich lange Strecken und mit hohen Verlusten unter den Pferden.

Das hat sich heute glücklicherweise geändert. Damit Distanzritte nicht auf Kosten der Pferdegesundheit gehen, gibt es verschiedene Auflagen: Vor Beginn des Ritts wird das Pferd von Tierärzten untersucht, ob es gesund und fit ist. Über die Reitstrecke verteilt, gibt es noch mal eine oder mehrere Kontrollstationen, an denen der Puls gemessen und der Gesamtzustand des Pferdes überprüft wird. Nach dem Zieleinritt wartet eine abschließende Verfassungsprüfung. Zeigt das Pferd an einem der Kontrollpunkte Auffälligkeiten wie Lahmen, Druckstellen oder Erschöpfung, wird es von den Tierärzten aus dem Rennen genommen.

Der Reiter muss die Kräfte des Pferdes so einteilen, dass es frisch ins Ziel kommt. Um seinen vierbeinigen Partner zu schonen, kann er unterwegs auch absteigen und führen oder Schrittpausen einlegen.

Distanzritte sind keine verlängerten Sonntagsausritte, sondern bedürfen einer sorgfältigen Vorbereitung. Mit regelmäßigem Training kann aber fast jeder mit seinem Pferd einen Einführungsritt bewältigen. Es gibt keine Rassevoraussetzungen, lediglich ein Mindestalter für die Pferde (5 Jahre).

Auf langen Strecken sind arabische Pferde am erfolgreichsten, daher ist Endurance (so heißt der Sport international) in den arabischen Ländern besonders beliebt. Aber auch in den USA, England, Italien oder Deutschland hat er zahlreiche Anhänger; es gibt Europa- und Weltmeisterschaften.

Erfolgreiche deutsche Distanzreiter sind die Schwestern Sabrina und Melanie Arnold sowie Belinda Hitzler.

Westernreiten

Das Westernreiten wird in Deutschland immer beliebter.

Viele finden es lockerer und cooler als die traditionsreiche englische Reitweise. Hier trägt man keine weißen Hosen, schwarzen Jacken und Stiefel, sondern lässige Jeans und einen Cowboyhut.

Manche glauben auch, das Westernreiten sei einfacher und tierfreundlicher. Einfacher ist es nicht, auch wenn es manchmal so aussieht. Gute Westernpferde durchlaufen eine ebenso lange Ausbildung wie Dressurpferde. Und schonender als Dressur- oder Springreiten ist es nur bedingt. Manöver wie der Sliding Stop oder die extrem schnellen Wendungen und Drehungen von Reiningpferden belasten die Gelenke enorm.

Beliebt ist das Westernreiten aber auch deshalb, weil es eine Vielzahl von Unterdisziplinen bietet, sodass jeder etwas Passendes für sich finden kann.

Im Trailparcours muss oft eine Holzbrücke überquert werden.

Der Sliding Stop ist eine Lektion aus der Reining, der Westerndressur.

Reining: Das ist die Westerndressur. Das Pferd galoppiert auf Zirkeln in unterschiedlichem Tempo, stoppt und dreht auf der Hinterhand, zeigt fliegende Galoppwechsel. Spektakulär sind die sogenannten Sliding Stops, bei denen die Hinterhand weit unter den Schwerpunkt geschoben wird. Reiningpferde sind spritzig und wendig.

Trail: Ein Geschicklichkeitsparcours mit verschiedenen Aufgaben, die aus der Arbeit der früheren Cowboys stammen. Das Pferd muss z. B. über Brücken und durch Tore gehen, sich rückwärts durch enge Gassen manövrieren lassen und sich geschmeidig um Pylonen biegen. Es sollte die Aufgaben ruhig und selbstständig bewältigen. Trailreiten sieht einfacher aus, als es ist. Die Pferde müssen auf den Punkt gehorchen und sehr zuverlässig sein.

Pleasure: In dieser Disziplin soll demonstriert werden, dass es ein Vergnügen (= pleasure) ist, das Westernpferd zu reiten. Die Pferde werden im extrem langsamen, verhaltenen Schritt, Trab und Galopp gezeigt.

Cutting: Eine spektakuläre Disziplin mit Rindern. Reiter und Pferd müssen ein Rind von der Herde trennen (= to cut) und in eine Ecke treiben. Bei dieser Disziplin wird der »Cowsense« der Westernpferde sehr deutlich, sie

machen die Arbeit fast allein. Mit blitzschnellen Bewegungen halten sie das Rind in Schach.

Western Horsemanship: In diesem Wettbewerb geht es vor allem um die Leistungen des Reiters. Bewertet werden seine Hilfengebung und sein Sitz. Die Reitaufgaben sind nicht schwierig, müssen aber sehr exakt ausgeführt werden, weshalb man das Pferd perfekt unter Kontrolle haben muss.

Weitere Disziplinen, die in Deutschland noch nicht so häufig angeboten werden: Halter (Vorstellen des Pferdes am Halfter), Working Cowhorse (eine weitere Rinderdisziplin), Hunter under Saddle (Das Pferd wird mit Englisch Sattel in den drei Grundgangarten vorgestellt) und Barrel Race (Rennen um drei Tonnen, vor allem in den USA sehr beliebt).

Bekannte deutsche Westernreiter sind u. a. Ute Holm, Peter Kreinberg und Renate Ettl.

Voltigieren

Beim Voltigieren werden Turnübungen auf dem Pferderücken gezeigt, das Pferd läuft dabei an der Longe in den Gangarten Schritt oder Galopp. Es gibt Einzel- und Gruppenvoltigieren (bis zu drei Personen).

Ursprünglich war das Voltigieren ein Ausbildungsbestandteil in der Kavallerie. Beweglichkeit, Gleichgewicht und Kraft der Soldaten sollten damit geschult werden.

Heute wird das Voltigieren in vielen Reitvereinen für Kinder als Vorbereitung zum Reiten angeboten.

Voltigieren ist aber auch eine eigenständige, ernst zu nehmende Turniersportart, in der sogar Weltmeisterschaften ausgetragen werden.

In Deutschland finden zahlreiche Voltigierturniere statt. In den Einsteigerklassen werden alle Übungen zunächst im Schritt gezeigt. Fahne ohne Arm, Knien, Innen- und Außensitz sowie die hohe Wende gehören zu den An-

Eine schwierige Voltigierübung zu dritt

fängerlektionen. In höheren Klassen wird nur noch auf dem galoppierenden Pferd geturnt und schwierige Elemente wie Mühle, Schere, Stehen und Flanke kommen hinzu.

Deutsche Voltigierer sind international sehr erfolgreich, bei Meisterschaften belegen sie stets erste Plätze. Kai Vorberg wurde bei den Weltreiterspielen 2006 Weltmeister.

Galopprennen

Wettrennen zu Pferde gehören zu den ältesten Reitwettbewerben der Welt. Schon in frühester Geschichte wollte man herausfinden, welches Pferd schneller und damit wertvoller war. Auch heute dienen Rennen vor allem der Zuchtauswahl.

Pferderennen sind für Zuschauer besonders spannend, da sie Geld darauf wetten können, wer gewinnt.

Galopprennen finden auf Gras- oder Sandbahnen statt. In Deutschland gehen Rennen über die kurze (1000 m / Fliegerrennen) oder die lange Distanz (3400 m / Steherrennen). Das wichtigste Rennen ist das Derby (2400 m).

Es gibt unterschiedliche Rennen wie Aufgewichts-, Ausgleichs- oder Zuchtrennen. Sie unterscheiden sich unter anderem durch die unterschiedliche Gewichtsbemessung für die Pferde. Damit die Pferde annähernd unter gleichen Bedingungen starten, tragen sie, abhängig von ihren bisherigen Siegen, Alter und Geschlecht, ein jeweils anderes Gewicht.

Natürlich müssen auch die Reiter, Jockeys genannt, auf ihr Gewicht achten. Mehr als 55 kg dürfen sie nicht auf die Waage bringen. Aus diesem Grund sind die meisten Rennreiter auch recht klein.

Galopprennen auf der Grasbahn

Ein Rennpferd zu halten, ist ein teures Hobby, allein das Training verschlingt jeden Monat mehrere hundert Euro – es ist also ein Sport für wohlhabende Leute.

Galopprennen sind nicht unumstritten. Die Befürworter sagen, es sei die einzige Sportart, in der das Pferd machen dürfe, was es am besten könne: schnell laufen. Das ist einerseits richtig, andererseits würde kein Pferd von sich aus immer wieder in rasendem Tempo durch die Gegend laufen, denn das bedeutet Höchstbelastung für den Körper – Verletzungen inklusive.

Zweifelhaft ist auch der frühe Trainingsstart mit anderthalb Jahren. Zu diesem Zeitpunkt ist der Pferdekörper noch nicht ausgewachsen, und es bedarf eines sehr vorsichtigen Trainings, damit das Rennpferd keine körperlichen Schäden davonträgt.

Einige ausgemusterte Rennpferde werden später zu Freizeitpferden umgeschult.

In Deutschland gibt es in vielen größeren Städten Galopprennbahnen, die größte befindet sich in Baden-Baden. Das berühmteste Pferderennen der Welt wird im englischen Ascot unter der Schirmherrschaft der Königin ausgetragen.

Legendäre Rennpferde waren z. B. Kincsem (1874), Man O'War (1917) oder Phar Lap (1926).

Trabrennen

Beim Trabrennen zieht das Pferd einen kleinen Wagen, genannt Sulky, mit Fahrer hinter sich her. Es darf nur im Trab laufen, springt es in den Galopp, wird es disqualifiziert.

Die ersten Trabrennbahnen in Deutschland entstanden Anfang des 20. Jahrhunderts. Aber schon viel früher hatte man Interesse an Pferden, die schnell traben können, denn man brauchte sie für die Kutsche. 1775 züchtete der

russische Graf Orlow eine eigene Rasse, den Orlow-Traber, der zu seiner Zeit der schnellste Traber der Welt war.

Heute werden Traber ausschließlich für die Rennbahn gezüchtet. Der heutige Traber basiert auf drei Zuchtlinien: der amerikanischen, der französischen und der russischen.

Diese Pferde können von Geburt an sehr gut traben. In Rennen erreichen sie Geschwindigkeiten bis zu 50 km/h!

Trabrennpferde ziehen einen Sulky.

Trabrennpferde fangen ebenso wie Galopprennpferde früh mit dem Training an, mit spätestens zwei Jahren werden sie eingefahren. Manche Traber werden im Training auch geritten, es gibt sogar Trabrennen unter dem Sattel.

Das schnelle Traben ist für Pferde allerdings nicht sehr natürlich. Jedes Pferd fällt automatisch in den Galopp, wenn es merkt, dass es nicht mehr mitkommt – auch der Traber. Deshalb hat man zahlreiche »Hilfsmittel« erfunden, um die Pferde am Angaloppieren zu hindern: von Stangen am Hals über Stachel-

zügel oder Overchecks, die den Kopf hochhalten. Gängig ist auch, die Zunge festzubinden, damit sie nicht übers Gebiss gestreckt wird, oder Watte in die Ohren zu stecken, die kurz vor dem Zieleinlauf gezogen wird. Durch den plötzlichen Lärm läuft das Pferd nochmals schneller.

Ausgemusterte Trabrennpferde sind oft gute, zuverlässige Freizeitpferde. Allerdings müssen sie wie ein Jungpferd an die Reiterkommandos gewöhnt werden und vor allem das Galoppieren lernen – schließlich wurden sie für diese Gangart im Rennen stets bestraft.

Fahrsport

Schon 4000 v. Chr. wurden Pferde vor einen Wagen gespannt – also lange, bevor man das Pferd als Reittier entdeckte. Mit Pferdewagen wurden Waren und Menschen transportiert, später zogen Streitwagen in den Krieg. Bei den alten Griechen und Römern war das Fahren sogar eine olympische Disziplin.

Ein wunderschönes Zweiergespann

Heute dagegen spannen die Menschen nur noch in der Freizeit oder für Turniere ein Pferd vor die Kutsche. In Deutschland gibt es etwa 5000 Fahrsportler, die sich auf eigenen Fahrturnieren miteinander messen. Gefahren wird ein-, zwei- oder mehrspännig.

Die Gespanne starten in unterschiedlichen Prüfungen. Es gibt Dressur-, Hindernis- und Geländefahren.

Beim Dressurfahren absolviert das Gespann bestimmte Hufschlagfiguren im Fahrviereck, bewertet werden neben der korrekten Ausführung auch die Kutsche, die Ausstattung und die Pferde.

Beim Hindernisfahren wird ein Parcours aus vielen engen Kegeltoren aufgebaut, die man ohne Berührung und in richtiger Reihenfolge möglichst schnell durchfahren muss.

Auf der Geländestrecke müssen die Gespanne verschiedene Hindernisse wie Brücken oder Wasserstellen meistern. Auf der Strecke, die ca. 15–18 km lang ist, dürfen die Pferde galoppieren. Damit der Wagen in engen Kurven nicht ins Schleudern gerät, wird er durch Beifahrer, sogenannte Grooms, stabilisiert.

Heute wird meist nach dem Achenbach-System gefahren. Dies beruht auf einer speziellen Leinenführung und Ausstattung. Erfunden hat es Benno von Achenbach, der Begründer der Kutschfahrkunst, um 1920.

Polo

Polo ist ein rasantes Ballspiel zu Pferde. Zwei Mannschaften aus je vier Reitern versuchen, einen Ball mit einem langen Schläger in das gegnerische Tor zu befördern. Gespielt wird auf einem großen Grasplatz. Das Spiel ist in Abschnitte zu je 7,5 Minuten unterteilt, den sogenannten Chukka.

Das Polospiel hat eine sehr lange Tradition. Schon um ca. 600 v. Chr. existierte im alten Persien ein dem Polo verwandtes Ballspiel. Es breitete sich u. a. nach Indien aus, wo es im 19. Jahrhundert von englischen Offizieren entdeckt und nach Europa importiert wurde.

Polo ist eine sehr exklusive Sportart, denn jeder Spieler braucht mehrere Pferde. Kein Pferd darf zwei Spielabschnitte hintereinander eingesetzt werden.

Beim Polo wird rasant um den Ball gekämpft.

Polopferde stammen aus Argentinien und sind eine Mischung aus den dort heimischen Criollos und englischen Vollblütern. Sie sind sehr schnell, wendig und mutig.

Allerdings ist Polo auch ein äußerst anstrengendes Spiel. Schnelle Wendungen und abrupte Stopps aus hoher Geschwindigkeit schädigen die Pferdebeine und auch die Reiterhilfen sind oft grob.

Da die Pferde aber erst mit ca. 6 Jahren auf Turnieren eingesetzt werden, erreichen sie oft trotzdem ein recht hohes Alter.

Die besten Polospieler stammen aus Brasi-

lien und Argentinien. Das Können eines Polospielers kann man, ähnlich wie beim Golf, an seinem Handicap ablesen. Dies reicht von -2 (Anfänger) bis +10 (Profi).

Die Kleidung des Spielers besteht aus einem speziellen Polohelm, weißen Reithosen, braunen Lederstiefeln mit Knieschutz und dem Polohemd (das allerdings aus dem Tennissport stammt!).

In Deutschland sind Poloturniere noch recht selten, denn es gibt hierzulande nur etwa 300 Spieler. Poloclubs gibt es z. B. in Hamburg, Berlin, Düsseldorf und München.

Übrigens kann sich bei einem Polospiel jeder nützlich machen: In den Spielpausen laufen nämlich die Zuschauer über das Feld und treten die Löcher im Gras zu, die durch die Pferdehufe entstanden sind.

Exkursion: Doping im Pferdesport

Im Reitsport geht es oft um viel Geld. Da ist die Versuchung groß, mit verbotenen Mitteln die Leistung der Pferde zu steigern oder nicht ganz gesunde Vierbeiner wieder fit zu machen.

Allein 2008 wurden sechs Pferde bei den Olympischen Spielen positiv auf Doping getestet – im Gegensatz zu fünf Dopingfällen bei den gesamten restlichen Athleten!

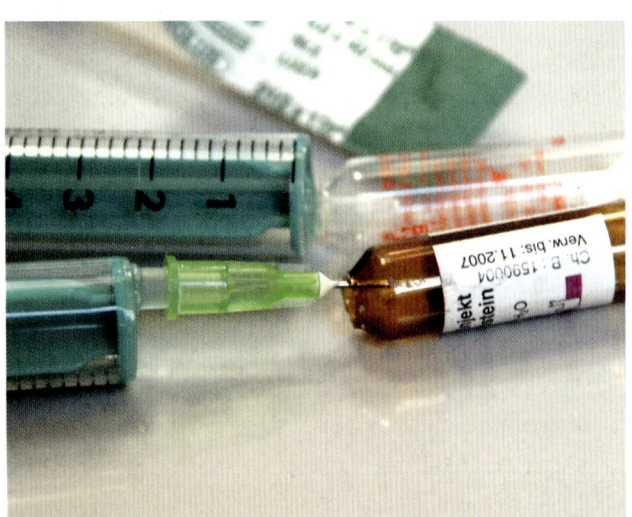

Manchmal werden Pferde mit unerlaubten Medikamenten »fit gespritzt«.

Und dies ist nicht das erste Mal: Bereits 2004 musste das deutsche Team die Goldmedaille abgeben, nachdem im Blut von Ludger Beerbaums Pferd ein verbotenes Medikament gefunden wurde. Und Meredith Michaels Beerbaum durfte erst gar nicht starten, da sich bei ihrem Pferd Spuren von einem Beruhigungsmittel fanden.

Alle beschuldigten Reiter konnten sich die Testergebnisse im Nachhinein nicht erklären. Von versehentlicher Medikamentenbehandlung war die Rede.

Spricht man über Doping im Pferdesport, muss man wissen, dass hier die sogenannte »Null-Lösung« gilt: Das heißt, im Blut des Pferdes darf nicht der kleinste Rest einer verbotenen Substanz gefunden werden. Anders als bei Menschen gibt es keine Grenzwerte.

Viele Reiter finden das unfair und unsinnig. Ihre Klage: Sie wüssten nicht mehr, welche Medikamente oder Futtermittel sie verwenden dürften. Momentan wird über Neuregelungen diskutiert, doch dabei sollte klar sein: Ist das Pferd gesund, braucht es keine Medikamentenbehandlung, ist es das nicht, kann es nicht starten.

Übrigens ist Doping kein modernes Phänomen: Schon früher wurden Rennpferde mit Kokain, Strychnin oder Karbolsäure schneller gemacht!

Ingrid Klimke – Mein Leben als Reitprofi

Die erfolgreiche Dressur- und Vielseitigkeitsreiterin Ingrid Klimke verrät, wie ihr Leben als Profireiterin aussieht. 2008 gewann sie mit dem deutschen Vielseitigkeitsteam die olympische Goldmedaille, außerdem siegte sie auf zahlreichen deutschen und internationalen Meisterschaften. Daneben ist Ingrid Klimke als Dozentin, Ausbilderin und Trainerin tätig. Mehr Informationen unter www.klimke.org

Ingrid Klimke

Wie sieht ein normaler Tag bei Ihnen aus?

IK: Von 8 bis 13 Uhr reite ich ungefähr acht Pferde. Mittags mache ich als Ausgleichssport zweimal wöchentlich Gymnastik, nachmittags kümmere ich mich um meine Tochter oder gebe Reitunterricht. Da ich eine Assistentin habe, muss ich mich nur einmal in der Woche um Büroarbeiten kümmern.

Wie oft fahren Sie zu Turnieren? Wie ist da der Ablauf?

IK: In der Saison, die von April bis Oktober geht, bin ich fast jedes Wochenende auf einem Turnier, oft auch dienstags und mittwochs. Auf dem Turnier muss ich die Pferde warm reiten, die Geländestrecke ablaufen … Je nachdem, welche Prüfung ansteht und wie viele Pferde dabei sind.

Haben Sie noch einen Reitlehrer?

IK: Ja, sogar mehrere. Dressurunterricht habe ich bei Herrn Stecken, der auch schon meinen Vater, Dr. Reiner Klimke, begleitet hat. Beim Springtraining unterstützt mich Kurt Gravemeier (ehemaliger Bundestrainer der Springreiter), und das Geländereiten trainiere ich bei dem Engländer Christopher Bartle.

Wie viele Pferde reiten Sie und gehören sie alle Ihnen?

IK: Ich reite ca. acht Pferde. Sie gehören nicht alle mir, denn als Reitprofi kann man nicht nur eigene Pferde reiten. Gute Pferde sind vor allem sehr teuer, deshalb braucht man für die Finanzierung Partner.

Haben Sie ein Lieblingspferd?

IK: Nicht nur eins, sondern mehrere … Jedes Pferd hat für mich etwas Besonderes, deshalb fällt es mir schwer, einzelne Namen zu nennen.

Hatten Sie schon mal Angst vor einem Pferd? Oder einem großen Hindernis?

IK: Wenn ein Pferd steigt, macht mir das Angst, denn das kann sehr gefährlich werden. Vor einem Hindernis hatte ich noch nie Angst.

Ihr schönstes Erlebnis mit einem Pferd?

IK: Ich bin mit Pferden aufgewachsen und habe schon unzählige Glücksmomente mit ihnen erlebt. Viele Pferde vermitteln für mich pure Lebensfreude.

Wären Sie manchmal gerne wieder Freizeitreiterin?

IK: Ich fühle mich oft als Freizeitreiterin. Sehr gerne reite ich einfach raus in die Natur und genieße das Zusammensein mit den Pferden.

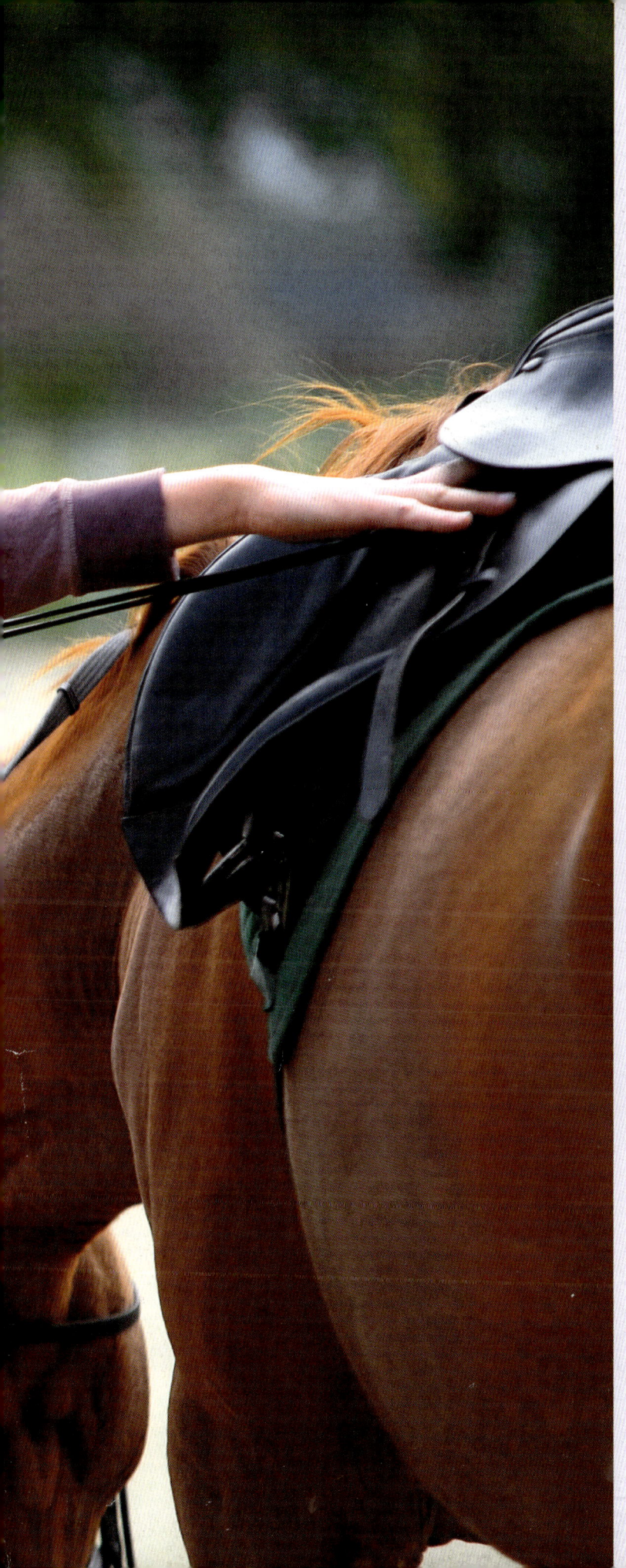

Berufe für Pferdefans

Viele Pferdefreunde, vor allem junge Frauen, träumen davon, ihr Hobby zum Beruf zu machen, damit sie täglich mit den geliebten Vierbeinern zusammen sein können.

Ein Beruf mit Pferden kann tatsächlich ein Traumberuf sein – wenn du dir vorher ein paar Dinge klargemacht hast.

In den meisten Berufen wirst du keine geregelten Arbeitszeiten haben und wenig Geld verdienen. Außerdem sind Berufe mit Pferden oft körperlich anstrengend.

Es ist deshalb empfehlenswert, vorab ein längeres Praktikum in deinem Traumberuf zu machen, um zu sehen, ob er wirklich deinen Vorstellungen entspricht.

Und bedenke immer: Es ist etwas ganz anderes, sich in der Freizeit entspannt um ein Pferd zu kümmern, als dies jeden Tag zu tun und damit Geld verdienen zu müssen!

Tierarzt

Tierärzte können sich nach Abschluss ihres Studiums auf die Behandlung von Pferden spezialisieren. Als Pferdetierarzt kümmerst du dich unter anderem um Lahmheiten, Koliken und die Behandlung von Wunden. Außerdem führst du Impfungen, Ankaufs- und Blutuntersuchungen durch. Auch Geburtshilfe steht häufig auf dem Programm. In Pferdekliniken werden auch Operationen durchgeführt.

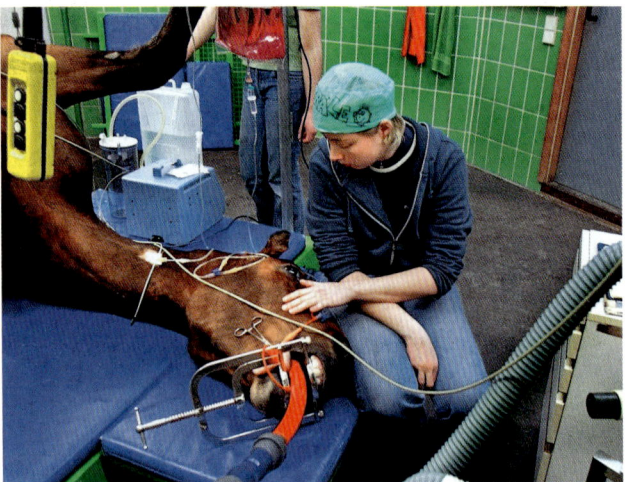

Traumberuf Tierärztin

Ein Pferdetierarzt hat meist keine geregelten Arbeitszeiten, denn die Vierbeiner werden auch nachts oder am Wochenende krank. Viele Überstunden gehören dazu.

Um Tierarzt zu werden, brauchst du ein gutes Abitur und musst elf Semester lang an einer Universität studieren.

Tierarzthelferin

Als Tierarzthelferin organisierst du die Termine in der Tierarztpraxis oder der Pferdeklinik und assistierst bei Untersuchungen und Operationen. Du solltest sowohl mit Tieren / Pferden als auch mit Menschen gut umgehen können.

Voraussetzung für die dreijährige Ausbildung zur Tierarzthelferin ist ein (guter) Haupt- oder Realschulabschluss.

Pferdewissenschaftler

Als erste deutsche Universität bietet Göttingen den Aufbaustudiengang »Pferdewissenschaft« an. Hier sollen die Studenten für leitende Positionen in der Pferdewirtschaft ausgebildet werden. Sie können später beispielsweise als Leiter eines Gestüts oder Trainingsstalls oder als Organisatoren von Pferdemessen oder großen Turnieren arbeiten. Das Studium umfasst Themen aus der Tiermedizin, den Wirtschafts- und Agrarwissenschaften.

In Österreich, England und den Niederlanden gibt es ähnliche Studiengänge. Zugangsvoraussetzung ist in allen Ländern das Abitur.

Tierheilpraktiker

Als Tierheilpraktiker behandelst du Pferde oder auch andere Tiere mit naturheilkundlichen Methoden. Dazu gehören z. B. Homöopathie, Akupunktur oder die Behandlung mit Kräutern.

Allerdings ist die Berufsbezeichnung nicht geschützt, es gibt auch keinen vorgeschriebenen Ausbildungsweg. Die Ausbildung erfolgt an Privatschulen, für die du Schulgeld zahlen musst. Erkundige dich genau über das Konzept der Schule. Der Unterricht sollte möglichst viele Theorie- und Praxisstunden umfassen,

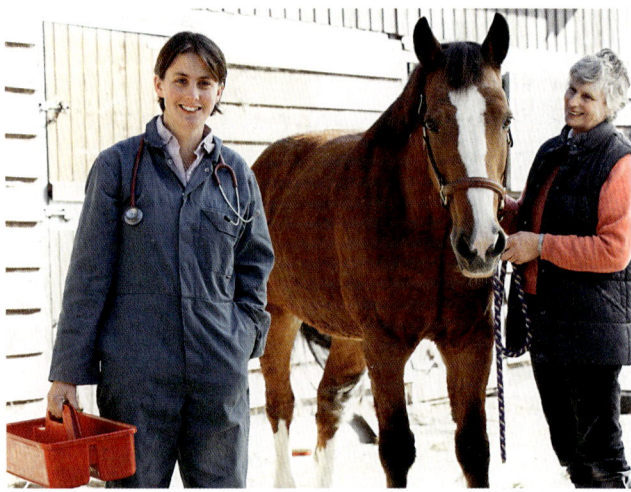

Die Tierheilpraktikerin arbeitet mit alternativen Behandlungsmethoden.

damit du eine gute Ausbildung erhältst. Ein paar Wochenendkurse reichen nicht aus!

Da du dich als Tierheilpraktiker anschließend nur selbstständig machen kannst, solltest du schon etwas älter sein und vorher einen anderen Beruf erlernt haben.

Pferdephysiotherapeut /-osteopath

Als Physiotherapeut oder Osteopath versuchst du, Bewegungseinschränkungen beim Pferd, die auf Blockaden, Muskelschwächen oder Verletzungen beruhen, mit verschiedenen Methoden zu behandeln. Es werden z.B. Massagen, Dehnübungen, Lymphdrainagen, Akupressur, aber auch phsikalische Therapien wie Magnetfeldtherapie, Ultraschall oder Reizstromtherapie angewandt.

Physiotherapeuten und Osteopathen ersetzen nicht die Arbeit des Tierarztes, sondern ergänzen sie.

Ihre Berufsbezeichnungen sind ebenfalls nicht geschützt, die Ausbildung findet an Privatschulen statt, die du bezahlen musst. Auch hier gibt es große Unterschiede hinsichtlich Umfang und Qualität.

Lass dich beraten und frage fertig ausgebildete Physiotherapeuten oder Osteopathen um Rat.

Hufschmied

Als Hufschmied kümmerst du dich um alles rund um den Huf. Zu den Aufgaben des Schmieds gehören das Kürzen und Ausschneiden der Hufe ebenso wie das Schmieden und Aufnageln von Hufeisen oder anderen Beschlägen. Auch die Behandlung von kranken Hufen spielt eine wichtige Rolle.

Die Ausbildung ist gesetzlich geregelt. Der angehende Hufschmied muss eine dreijährige Ausbildung in einem metallverarbeitenden Beruf, z.B. als Schlosser, machen und daran anschließend ein einjähriges Praktikum bei einem Hufschmied. Aufgrund dieser Voraussetzungen findet man in diesem Beruf überwiegend Männer.

Ein Beruf mit Pferden ist wunderschön, aber auch harte Arbeit.

Hufpfleger

Der Hufpfleger ist auf die Barhuf-Pflege spezialisiert und bearbeitet die Hufe nur mit Raspel, Hufmesser und Zange. Er darf keine Beschläge anbringen.

Die Ausbildung ist nicht staatlich geregelt, sie wird von verschiedenen Privatschulen angeboten und dauert nebenberuflich ca. ein Jahr.

Pferdepfleger

Als Pferdepfleger kümmerst du dich »rund um die Uhr« um die dir anvertrauten Vierbeiner. Putzen, Füttern, Stallarbeiten, Pflege von Sattelzeug, aber auch Longieren oder Turnierbegleitung gehören zu den Aufgaben des Pferdepflegers. Meist haben die Pfleger eine enge

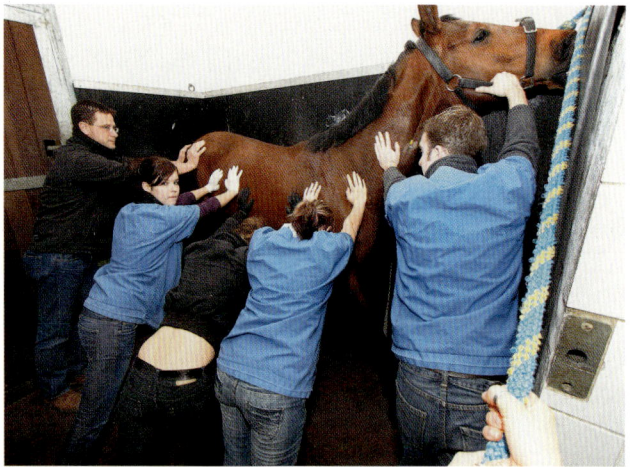

Pferdepfleger müssen auch mal zupacken.

Beziehung zu den Tieren, da sie sich täglich um sie kümmern. Voraussetzungen für eine Prüfung zum Pferdepfleger bei der FN: Du solltest mindestens 19 Jahre alt sein und 2–3 Jahre Erfahrung im Umgang mit Pferden haben. Gute, zuverlässige Pfleger werden immer gesucht, allerdings ist der Verdienst gering und die Arbeitszeiten sind unregelmäßig.

Reitlehrer / Bereiter

Die korrekte Bezeichnung dieses Berufs lautet »Pferdewirt – Schwerpunkt Reiten«. Als Bereiter bildest du junge Pferde aus, arbeitest mit älteren, stellst sie auf Turnieren vor oder erteilst Reitschülern Unterricht. Arbeitsplätze können

Eine Reitlehrerin bei der Arbeit

Turnierställe, Gestüte oder Reitschulen sein. Die Ausbildung dauert 2–3 Jahre und neben dem Reiten stehen natürlich auch Pferdepflege und jede Menge Theorie rund um die Vierbeiner auf dem Stundenplan.

Möchtest du eine solche Ausbildung machen, solltest du schon gut reiten können. Lange, anstrengende Arbeitstage dürfen dich nicht abschrecken.

Rennreiter oder -fahrer

Hier lautet die richtige Bezeichnung »Pferdewirt – Schwerpunkt Rennreiten oder Trabrennfahren«.

Als Rennreiter machst du eine dreijährige Ausbildung in einem Rennstall. Neben dem Training der Vollblüter gehören auch Stallarbeit und Pferdepflege sowie Theorie zur Ausbildung. Später darf der Auszubildende auch Rennen reiten. Als Rennreiter solltest du klein und leicht, aber trotzdem zäh sein. Stürze sind keine Seltenheit!

Bei Trabrennfahrern verläuft die Ausbildung ähnlich, hier spielen Größe und Gewicht des Fahrers allerdings keine Rolle. Er muss auch nicht reiten können, sollte sich aber mit Pferden auskennen.

Reittherapeut

Du kennst dich mit Pferden aus und arbeitest auch gern mit Menschen? Dann könnte dieser Beruf richtig für dich sein. Als Reittherapeut versuchst du, gemeinsam mit dem Partner Pferd, Menschen mit geistigen oder körperlichen Einschränkungen zu helfen. Je nach Fachrichtung heißt das dann Therapeutisches Reiten, heilpädagogisches Reiten oder Voltigieren oder Reiten als Behindertensport.

Als Voraussetzung für diesen Beruf brauchst du meist eine Trainerausbildung im Reitsport sowie Berufserfahrung im psychosozialen oder

pädagogischen Bereich. Eine geregelte Ausbildung gibt es nicht, der Unterricht findet an Privatschulen statt.

Reitpädagogin Jutta Fiegler

Verkäufer im Reitsportfachgeschäft

Als Verkäufer im Reitsportfachgeschäft berätst du Kunden in allen Fragen rund um die Ausrüstung für Reiter und Pferd; auch über Pferdepflege und -fütterung solltest du Bescheid wissen. Deshalb sind für diesen Beruf einige Jahre Reiterfahrung oder besser noch Erfahrung als Pferdebesitzer empfehlenswert.

Weitere Voraussetzung für diesen Beruf ist eine Ausbildung zur Kauffrau im Einzelhandel oder zur Verkäuferin, die 2 bzw. 3 Jahre dauert.

Hier wird Zubehör für Barockreiter verkauft.

Sattler

Wenn du handwerklich begabt bist und gerne mit Leder arbeitest, könnte dieser Beruf zu dir passen. Ein Sattler mit der Fachrichtung Reitsport stellt maßgefertigte Sättel, Trensen oder auch Fahrgeschirre her, er passt gebrauchte Sättel an und repariert alle möglichen Lederteile.

Die Ausbildung zum Sattler dauert 3 Jahre. Es gibt allerdings nicht sehr viele Ausbildungsstätten.

Polizeireiter

Als Polizeibeamtin bei der Reiterstaffel wirst du bei Großveranstaltungen wie Fußballspielen oder Demonstrationen oder zu Streifenritten in unzugänglichem Gelände eingesetzt. Voraussetzung für diesen Beruf sind mindestens die mittlere Reife und eine Ausbildung zur »normalen« Polizeibeamtin inklusive anschließendem Streifendienst. Falls du für die Reiterstaffel ausgewählt wirst, folgt noch mal eine reiterliche Fortbildung.

Berittene Polizei

Allerdings solltest du wissen, dass die Reiterstaffeln in vielen Bundesländern aufgelöst wurden; die Chance auf einen Arbeitsplatz ist damit deutlich gesunken.

Nützliche Adressen

Deutsche Reiterliche Vereinigung e.V. (FN)
Bundesverband für Pferdesport
und Pferdezucht
Freiherr-von-Langen-Straße 13
48231 Warendorf
Telefon 02581 / 6362-0
Fax 02581 / 62144
www.pferd-aktuell.de

Verein für Freizeitreiter und -fahrer Deutschland (VFD)
Christiane Ferderer
27239 Twistringen
Zur Poggenmühle 22
Telefon 04243 / 942404
Fax 04243 / 942405
www.vfdnet.de

Verein deutscher Distanzreiter (VDD)
Zum Ludwigstal 17
45527 Hattingen
Telefon 02324 / 23841
Fax 02324 / 951048
www.vdd-aktuell.de

Erste Westernreiter Union Deutschland e.V. (EWU)
Freiherr-von-Langen-Str. 8a
48231 Warendorf
Telefon 02581 / 92846-0
Fax 02581 / 92846-25
www.westernreiter.com

Hauptverband für Traber-Zucht e.V.
Mariendorfer Damm 222-298
12107 Berlin
Telefon 030 / 743048-0
www.hvt.de

Direktorium für Vollblutzucht und -rennen e.V.
Rennbahnstraße 154
50737 Köln
Telefon 0221 / 749850
www.galopp-sport.de

Internationale Gangpferdevereinigung e.V.
Peter Staffel Str. 13
53604 Bad Honnef
www.igv-online.de

Laufstall-Arbeitsgemeinschaft e.V. (LAG)
Aichacher Str. 3
86567 Hilgertshausen
Telefon 08250 / 997818
Fax 08250 / 997820
www.lag-online.de

Ältester Verband der Tierheilpraktiker Deutschlands, seit 1931 e.V.
Hölkenbusch 11
48161 Münster-Nienberge/Häger
www.thp-verband.de

Deutsche Huforthopädische Gesellschaft e.V.
Bahnhofstraße 20
04779 Mahlis
Telefon 034364 / 88745
www.huforthopaedie.org

Deutsches Institut für Pferdeosteopathie
Hof Thier zum Berge
48249 Dülmen
Telefon 02594 / 782270
Fax 02594 / 7822727
www.osteopathiezentrum.de

Schweizerischer Verband für Pferdesport
Telefon 0041 / 31 / 3354343
www.fnch.ch

**Bundesfachverband für Reiten und Fahren
in Österreich**
Geiselbergstraße 26-32 / Top 512
A - 1110 Wien
Telefon 0043 / 1 / 7499261
Fax 0043 / 1 / 7499261-91
www.fena.at

Stichwortregister

Bildnachweis

Umschlag
Foto oben: plainpicture/Büro Monaco;
U1 Bildleiste von links nach rechts:
Shutterstock/Mandy Godbehear, Shutterstock/Joy Brown, Getty-images/Luedke and Sparrow/RF, Shutterstock/Lisa F. Young
U4 o. li.: Shutterstock/Devin Koob;
U4 o. re., U4 u. li.: Gettyimages/Altrendo Images;
U4 m. li.: Gettyimages/Ciaran Griffin;
U4 m. re.: Gettyimages/Matthias Tunger;
U4 u. re.: Gettyimages/beyond foto

Innenteil
Alle Fotos stammen von Angelika Schmelzer, mit Ausnahme von:

Akg-Images, Berlin: 59 re.; Imago: 39, 168 li. u. (Imagebroker), 146, 168 li. o. (Michael Westermann), 149 li. (Norbert Schmidt), 166 li. (Horst Rudel), 169 li. o. (Karo), 169 li. u. (Stefan M. Prager), 169 re. (Fernando Baptista);

Istockphoto: 2 (Hedda Gjerpen), 8/9 (GaryAlvis), 42 (Kerstin Waurick), 56/57 (Gene Krebs), 61 li. (Rick Hyman), 114/115 (Jaap Hart), 134/135 (cynoclub), 140 re. (Diana Hirsch), 149 re. (Mlenny Photography), 154 (John Rich), 164/165 (Simon Podgorsek), 166 re. (Catherine Yeulet); Konnerth Tania: 105 u., 106; Lewin Miriam: 156; Picture Alliance, Frankfurt: 32 li. (dpa Zentralbild/Patrick Pleul), 58 (Picturedesk.com/Ali Schafler), 59 li. (Selva/Leemage/maxppp); Pixelio: 11 (Jens Bredehorn), 13, 20 li., 116 li. (Dieter Schütz), 18 li. (Maike Kraute), 21 re. (DieterundMarion), 44 re. (Uschi Dreiucker), 45 (Meyhome), 46 (H. Siepmann), 47 li. (Katja Wolf), 54 o. (Kurt Michel), 60 li. (Jasy), 68 re. (Heike), 97, 137, 139 (tutto62), 98 li. (David Ritter), 129 (Bernd-Boscolo), 141, 162 (B. Broianigo), 142 li. (Regina Kaute), 142 re. (Christoph Aron), 119 o., 147 (Knipseline), 153 (Templermeister), 155 (meltis); Rau Julia: 157 li., 163; Sorrel: 32 re. (Gabriele Kärcher); Stuewer Sabine: 16/17, 30 re., 40/41, 49 o., 49 u., 52 u., 55 u., 79 o., 90 re., 100/101, 113, 130, 150/151, 158, 161; Ullstein Bild, Berlin: 14 li. (Imagno); Van Aaken Elisa: 138;

Andrea Buchanan / Miriam Peskowitz
Secret Book for Girls
Das einzig wahre Handbuch für Mütter und ihre Töchter

296 Seiten, mit farbigen Illustrationen, ISBN 978-3-570-13497-9

Wer hat behauptet, nur Jungs liebten Abenteuer, Tüfteleien und Heldentaten?
Was Jungs können, können Mädchen besser, und das »Secret Book for Girls«
zeigt ihnen, wie! Für alle starken, frechen Mädchen von heute versammelt es
alles, was Spaß, Spannung und Abenteuer verspricht.

8058

cbj

www.cbj-verlag.de

Jörg Pilawa
Pilawas Allgemeinwissen
Spannende Fragen – schlaue Antworten

320 Seiten, mit s/w und fbg. Abbildungen, ISBN 978-3-570-13764-2

Von Chlorophyll bis Cyberspace, von Höhlenmalerei bis Hip-Hop, von Mathematik bis Quantenphysik, von der Entstehung des Menschen bis zur Erfindung der Dampfmaschine ... Jörg Pilawa erklärt, was Sache ist! Informativ und leicht verständlich präsentiert der beliebte Moderator alles Wissenswerte zu Biologie, Weltall, Geschichte, Philosophie, Politik, Musik, Literatur, Medien und Sport. Doch keine Angst vor trockenen Fakten: Zu jedem Thema gibt es spannende Multiple-Choice-Fragen, die zum Mitmachen einladen. Ein unterhaltsames Schmökerbuch für die ganze Familie: So macht Allgemeinwissen Spaß!

cbj
www.cbj-verlag.de